인디언 설화

인디언 설화

이우학 역

한국학술정보㈜

●● 역자 소개

이우학 (건국대학교 부교수, 영문학 박사)

  영국소설을 전공하였으며 아동문학, 판타지, 인디언 설화 등에 관심을 가
  지고 있다. '동화와 번역 연구소' 총무 역임하였으며 현 연구소 학술이사로
  활동하고 있다.

아메리카 인디언 설화

아메리카 인디언은 미주 대륙의 원주민이다. 이들은 자신들의 신념 체계를 구전 문학의 형태로 전승해왔다. 자신의 부족과 종족의 역사를 다음 세대에게 전하는 일은 무엇보다도 중요한 일이었다. 인디언들의 이야기는 여러 세대에 걸쳐 전해졌다. 이 이야기들을 살펴보면 그들의 다양한 삶과 문화가 기록되어 있으며 자연과 인간 삶에 대한 그들의 독특한 관점이 깃들여져 있다. 이들의 설화는 단순한 이야기를 넘어 자신들의 문화를 유지하는 수단이기도 했다.

게다가 인디언 설화에는 자연의 동식물과 인간 세계를 지배하는 신비한 힘과 영의 존재가 제시되어 있다. 설화 속 세상은 "위대한 혼"에 의해 움직인다. 그러므로 그들이 살아가며 봉착하는 문제들을 "위대한 혼"에게 묻고 그에게 답을 구한다. 인디언들이 얻는 특별한 힘은 "위대한 혼"에게서 얻는다. 그 힘은 인간의 능력을 뛰어넘는 힘이고 신비한 힘이다. 인간을 비롯한 만물에 영혼이 깃들어 있다는 신념은 지금 북아메리카 대륙을 점령하고 있는 유럽인의 후예의 입장에서 보면 미신으로 치부되겠지만 이는 원 토착민 문화에 대한 몰이해에서 비롯된 것이다. 미주의 토착 원주민들은 주변에 펼쳐진 자연이 자신들의 몸과 영혼을 함께 나눈 존재들이라고 믿어왔기에 그들의 태도에는 각 존재의 고유한 특성과 삶의 방식에 대한 존중이 깃들여 있다. 나무 한 그루를 자를 때, 들짐승 한 마리를 사냥할 때, 그들은 "위대한 혼"에게 고하고 예를 표하였다.

인디언의 풍습을 살펴보면 그들은 여러 개의 이름을 지닌다. 가부장제 사회에서 흔히 볼 수 있는 아버지 성을 따르거나 물려받지 않았다. 어려서 불리던 이름이 있고 성인이 되면서 갖는 이름도 있다. 대부분의 원시사회의 부족들이 그렇듯이 인디언에게 성인이 된다는 것은 더욱 특별한 의미가 있다. 혹독한 통과의례를 성공적으로 수행해야지 성인이 될 수 있으며 성인의 이름을 얻는다. 또한 죽음을 감수하고 치르는 통과의례를 통해 인디언들은 특별한 힘을 감지하기도 하고 특별한 힘을 얻기도 한다. 그 과정은 인간의 능력을 뛰어넘는 그런 시련이기에 그들은 "위대한 혼"의 의지에 달려있고 자신을 지켜주는 수호신의 도움으로 그 난관을 이겨내고 자신 또한 특별한 힘을 갖게 됐음을 인식하게 된다. 또한 통과의례를 통한 인디언들이 갖는 특별한 힘은 개인의 부와 명예와 행복을 위한 것이 아니라 자신의 부족 사회의 이익을 위한 것이고 그들에게 봉사하기 위한 것이다. "위대한 혼"에게서 얻은 특별한 힘은 다양하게 재현된다. 변장, 노래, 주문, 특별한 능력(활쏘기) 등등은 인디언들이 난관을 극복하기 위한 수단이다.

인디언의 설화에는 존재의 근원을 질문하는 이야기들이 다양하게 등장한다. 자신을 둘러싸고 있는 많은 사태들 즉 산과 들과 강, 하늘과 땅, 바람과 태양, 동물과 식물들이 어떻게 세상에 존재하게 되었는지를 규명하는 다양한 창조설화가 있다. 인디언들에게 세상은 인간이 만든 것이 아니라 특별한 힘에 의해 만들어졌고 인간은 그 신비한 힘에 의해 만들어진 수많은 사물들 중에 하나일 뿐이다, 라고 생각한다. 그러므로 인디언들을 이 세상의 중심에 인간만이 있다고 오만하게 생각하지 않는다. 인간이 세상을 지배하고 통제해야 하는 것이 아니라, 이 세상을 만든 "위대한 혼"이 창조한 다른 피조물과 서로 도와 조화를 이루며 살아간다고 생각한다. 때로는 인간이 동물을 때로는 동물이 인간을 도와준다. 그 인간과 동물의 경계를 넘나드는 데 바로 신비한 힘이 필요하다. 그들이 소통하는데 절대적으로 요구되는 것이 힘이다. 이것은 바로 "위대한 혼"이 원하는 대로 조화롭고 균형 잡힌 세상을 만들기 위한 힘이다.

인디언 사회에서 신비한 힘은 그 힘을 요구하는 자가 직접 얻을 수도 있지만 "위대한 혼"의 힘을 전달해 주는 매개자를 통해 얻기도 한다. 바로 주술사들이다. 이 주술사들은 인간사의 다양한 고통을 해

결해 줄 수 있는 능력을 신에게서 얻은 자들이다. 이들은 특별한 힘을 얻고자 하는 사람들에게 이런저런 방식 예를 들면, 춤, 노래, 약초, 등등을 처방해 준다.

인디언들은 자신들이 특별한 힘이 어디에서 오는지 분명히 인식하고 있다. 그러므로 마법으로 인해 고난을 극복하면 반드시 "위대한 혼"에게 감사의 의식을 올리는 것을 잊지 않는다. 인디언 설화에는 마법을 구하고 행하는 이들의 이야기들이 많다. 하지만 그건 개인의 이익이나 행복을 추구하기 위해서라기보다는 궁극적으로 부족 전체를 위한 마법일 때가 많다. 이는 부족 사회의 특징이기도 하겠지만 개인과 부족 사회라는 이원화된 구조가 아니라 개인의 고통과 부족의 고통이 서로 분리된 것이 아니라 유기적으로 얽혀 있는 것으로 보기 때문이다. 여기서 개인에게 부여된 특별한 힘이 부족 전체에 영향을 미치고 있음을 알 수 있다. 인디언들은 용맹한 자를 존중하고 지혜로운 자에게 경의를 표한다. "영웅 이야기"라 분류할 수 있는 이야기가 있는데 한 때 살았던 사람들이 이야기를 통하여 불멸의 존재로 그려지기도 한다. 또한 "재간꾼" 또는 "꾀돌이"에 관한 이야기도 있다. 카이오 부족의 새인데이, 나바조 부족의 코요테 등이 이에 속한다고 할 수 있다. 이들은 부족에게 믿음을 주기도 하고 동시에 위험을 불러일으키는 존재이기도 하다. 그리고 단순히 경고 메시지를 전하는 역할도 하는데도 이들은 어떤 식으로든 해를 끼칠 수 있는 행동에 대해서 경고한다.

이들 인디언들은 약속을 존중하였는데 이는 인간과 부족 간에만 해당되는 것이 아니다. 버펄로, 곰, 코요테 등 자신들의 삶과 밀접한 동물과의 약속에도 동일하게 적용된다. 이들의 이야기들은 대개 교훈이나 일종의 가치관을 담고 있다. 인디언 이야기꾼은 자신이 들려주는 이야기 속에 등장하는 인물들의 영혼이 이야기에서 직접 증인으로 참여한다고 믿는다. 그들의 이야기 속에 옛 조상들과 이야기를 들었던 수세대의 부족들이 모두 모여 이야기를 함께 듣는다고 생각했다. 이야기꾼은 숱한 증인들 앞에서 전해들은 바 그대로 전달해야하는 사명을 지닌 '모든 것이 기억되는 방식'인 것이다. 따라서 인디언에게 그들의 이야기와 이야기 하고 듣기는 단순히 재밋거리와 오락의 기능을 넘어선다. 이들의 이야기는 선조들의 삶의 기록일 뿐만 아니라 선조들의 삶과 사유 방식에 동참하는 행위가 되는 것이다. 때문에 인디언의 이야기는 구화와 구전의 현장에 더 큰 의미가 있다 하겠다. 이야기 행위의 현장에 참여함으로서 이들은 광활한 아메리카 대륙을 슬기롭게 지배하고 자연과 깊은 유대를 지니며 공존하는 문화를 만든 위대한 선조들의 삶에 동참할 수 있기 때문이다.

『아메리카 인디언 설화』에 실린 이야기는 몇 가지 임의적 기준 하에 선정 번역되었다. 첫째 흥미로운 제목과 이야기의 길이가 어느 정도 긴 것을 선정하였다. 너무 짧은 이야기는 '이야기 성'이 부족하다. 즉 사건의 복잡하지 않고 등장인물들 간의 갈등이 단순 처리된다는 단점이 있다.

둘째, 유사한 내용의 설화의 반복은 피하고자 했다. 그렇다고 해서 모든 종족과 북미 전 지역을 망라한 것은 아니다. 호피, 주니, 카도, 아파치, 알래스카, 하와이 등 우리 귀에 친숙한 부족과 지역의 설화를 담고자 했다. 특히 호피, 주니, 카도 인디언들은 풍부한 신화와 전설을 가지고 있다. 알라스카, 캐나다 , 하와이, 멕시코, 프에르토리코, 과테말라 지역의 설화는 아메리카 인디언들의 얼마나 광활한 지역에 걸쳐 존재하며 이들의 이야기가 지형과 기후 동식물과 연결되어 있는지를 잘 보여준다.

셋째, 주제 영역 별로 균형을 잡으려고 노력했다. 태양, 부족, 지명,

동물, 곡식 등의 창조와 유래에 관한 창조 전래 설화 군이 있다. 그리고 문화, 정령과 제 의식에 관한 이야기 군이 있다. 또 하나의 종류로서는 모험, 용맹, 신뢰와 사랑 등 교훈성을 지닌 이야기 군을 들수 있다. 인디언 설화의 특징 중에 하나는 이야기 속에 등장하는 동물들이 서구의 우화처럼 특정 가치를 지닌 인물들로 상징되기 보다는 동물의 속성과 부족의 삶과의 긴밀한 관련성 속에 실체로서 등장한다.

마지막으로 이 편역의 선집은 구전되는 인디언 설화를 채록하여 기록하는 일차 자료적 성격이 강하다. 구전 설화를 문자로 기록할 때 어느 정도의 변형이 불가피하지만 민담 수집가들은 인디언 문화의 기록자, 보존자의 역할에 충실했다. 그들은 인디언 설화의 다양함과 풍성한 상상력의 옹호자라 볼 수 있다. 이들의 수집과 기록에 힘입어 인디언 설화를 바탕으로 한 동화, 그림책 소설, 영화 등이 발표되어 대중의 주목을 받았다. 설화의 현대적 재창조에는 꼭 작품을 일 대 일로 재구성할 필요는 없다. 여러 작품에서 쓰이고 있는 공통의 모티프나 사건을 선택적으로 재구성할 수 있어야한다. 또한 아메리카 인디언의 이미지와 색조는 그 독특한 강렬함으로 많은 작가들의 상상력을 자극시킨 바 있다. 제럴드 맥더멋 같은 그림책 작가는 1975년 프에블로 인디언 설화를 바탕으로 만든 〈태양으로 날아간 화살〉로 칼데콧상을 1994년에도 북서 태평양 지역 설화 〈까마귀로〉로 칼데콧상의 영예상을 받았다.

아메리카 인디언 설화는 그 양적 풍부함과 인간과 자연의 조화로운 삶에 대한 통찰력으로 인해 타 문화권의 이야기에 비해 손색이 없을 정도로 지혜로운 이야기들을 전해준다. 오히려 환경 파괴를 일삼아 결국은 자연 재해 앞에 무력해진 우리들에게 아메리카 인디언 설화는 우주 공동체적인 지혜로운 삶의 인식과 방법을 전달해 준다. 여기에 소개된 36편의 작품들은 풍부한 인디언 설화에 비하면 극히 일부분이다. 단순히 발굴 보전이나 소개가 아니라 수천 년 동안 "위대한" 대륙에서 이룩했던 상상력이 인류 공동의 문화유산으로 공유되고 향유되기를 기대해본다.

목록 - 인디언 설화

1부 신화적 상상력 ●●●●●●●●●●●●●●●●●●●●●●●●●●●●●

2부 흥미 있는 상상력●●●●●●●●●●●●●●●●●●●●●●●●●●●●●

1부 신화적 상상력

노을의 아이 (캐나다 인디언)

옛날 옛날에, 서쪽 끝 바닷가에 젊은 부부가 살았답니다. 그곳은 다른 사람들이 살지 않는, 아주 조용한 섬이었습니다. 그런데 이 부부에게 아이가 없었습니다.

남편은 바다에 나가 고기를 잡는 어부였습니다. 바다뿐만 아니라 어부는 가까운 강에 나가 연어를 잡기도 했습니다. 그러나 고기를 잡으러 한번 바다로 나가면 어부는 고기를 잡느라고 오랫동안 집에 가지 못했습니다.

어부가 집을 떠나면, 혼자 남게 된 아내는 두렵진 않았지만 무척 외로웠습니다. 그러면 바닷가에 나가 잿빛 하늘을 가만히 쳐다보기도 하고, 파도소리를 오래 동안 듣기도 했습니다. 이럴 때면 혼잣말로 중얼거렸습니다.

"오늘처럼 외로울 땐 아이가 있었으면 좋을 거야."

어느 날 저녁 무렵이었습니다. 서서히 어둠에 물드는 바닷가에 어부의 아내는 앉아 있었습니다. 하늘은 짙은 잿빛이었습니다. 늘 하던 대로 그 날도, '이렇게 외로울 땐 함께 지낼 아이가 있으면 얼마나 좋을까?' 했습니다.

그 순간, 가까운 곳에서 물총새 한 마리가 새끼들과 함께 먹이를 잡으러 바닷물 속으로 뛰어들었습니다. 물총새 식구들을 본 어부의 아내는 자신도 모르게 또 말했습니다.

"물총새야, 나도 너처럼 아이들을 가졌으면 좋겠다."

그런데, 한참 먹이를 잡던 물총새가 이 말을 듣고는 '아주 커다란 소라를 찾아가 보세요.'하고 소리쳤습니다.

그 다음날 저녁, 어부의 아내는 다시 바닷가로 나왔습니다. 그날은 바다 갈매기 한 마리가 파도 위를 낮게 날고 있었습니다. 그러자 어제와 똑같이 다음과 같이 말했습니다.

"갈매기야, 나는 아이를 갖고 싶단다."

그런데 갈매기도 물총새처럼 '커다란 소라를 찾아가 보세요.'하고는 멀리 날아갔습니다. 어부의 아내는 물총새와 바다 갈매기의 말이 무척 신기했습니다. 그 순간 뒤에서 갑자기 이상한 울음소리가 들려왔습니다. 그녀는 궁금해서 소리가 나는 곳으로 가 보았습니다. 그랬더니 모래 위에 아주 커다란 소라에서 아이 울음소리가 들렸습니다. 소라 속을 살펴보니 어린 아이 하나가 기운차게 울고 있었습니다. 반가운 나머지 그녀는 아이를 안고 집으로 데려와 정성껏 보살폈습니다.

바다에서 돌아온 남편도 아이를 보고는 아내와 함께 매우 기뻐했습니다. 아내가 더 이상 외로워하지 않았기 때문입니다.

아이는 건강하게 빨리 잘 자랐습니다. 어느 날 이 아이는 갑자기 양어머니에게 말했습니다.

"어머니, 어머니가 끼고 있는 구리팔찌로 활을 만들어 주세요."

이 말을 듣자 아이가 행복하길 바라는 어부의 아내는 곧 팔찌를 가지고 활과 화살 두 개를 만들어 주었습니다. 그러자 소년은 화살과 활을 가지고 날마다 사냥을 나갔습니다. 사냥을 나갔다

돌아올 때면 늘 거위나 오리나 작은 바다새들을 잡아와 어머니에게 드렸습니다.

나이가 들자 소년의 얼굴이 활처럼 구리 빛을 띠기 시작했습니다.

그런데 그가 가는 곳마다 이상한 빛도 따라다녔습니다.

그 날도 이 소년은 바닷가에 앉아 서쪽 하늘을 바라보고 있었습니다. 바람이 자는 날씨여서 바닷가는 아주 고요했는데, 그 순간 이상하게 밝은 빛이 수면에서 빛났습니다.

이를 지켜본 어부 내외는 이 예사롭지 않은 빛이 무엇일까 궁금했습니다. 그러나 아이는 말을 하지 않았습니다. 어부나 아내가 물어보아도 입을 열지 않았습니다.

바람이 몹시 부는 어느 날이었습니다. 어부가 고기를 잡으러 바닷가에 나갈 수 없을 만큼 바람은 거셌습니다. 파도마저 무척 높아져 해안의 바위를 때렸습니다. 어부는 바다를 바라보며 그냥 파도가 잔잔해지기만 기다려야 했습니다. 고기를 잡지 못하게 된 어부는 걱정이 되었습니다.

"고기를 잡아야 하는데, 어떻게 하나. 이렇게 바람이 심하니!"

"아버지, 제가 같이 가겠어요. 저는 폭풍의 신보다 강하거든요."

어부는 놀라지 않을 수 없었습니다. 믿기지 않는 이야기였으니까요. 그러나 썩 내키지는 않았지만 고기는 잡아야 했기에 아들의 말을 따르기로 했습니다. 그들은 바람과 파도가 사나운 바다로 나갔습니다.

그러자 곧 폭풍의 신을 만났습니다. 폭풍의 신은 어부의 배를 뒤집으려고 더 거세게 바람을 일으켰습니다. 이에 뒤질세라 파도도 한층 높아졌습니다. 하지만 놀랍게도 어부의 배는 끄떡도 하지 않았습니다. 소년은 어부의 작은 배를 힘껏 저었습니다. 폭풍의 신도 더 이상 힘을 쓸 수 없었습니다. 다시 바다가 조용해졌습니다. 바람도 멎고 파도도 잔잔해졌습니다.

그러자 폭풍의 신은 조카인 먹구름을 불렀습니다. 먹구름은 곧바로

달려왔습니다. 그러나 먹구름도 소년을 보자 재빨리 오던 길로 되돌아
갔습니다.

폭풍의 신은 다른 방법을 궁리한 끝에 이번에는 안개를 불렀습니다.
뭍이 보이지 않을 만큼 잔뜩 안개가 끼면 어부와 소년이 바닷길을 잃
어버릴 거라고 생각한 것입니다.

폭풍의 신의 부름을 받은 안개가 몰려왔습니다. 어부는 매우 놀랐
습니다. 앞뒤를 알아볼 수 없을 만큼 짙게 몰려왔기 때문입니다. 그렇
지만 소년은 놀라지 않고 아버지에게 말했습니다.

"아버지, 안개도 아버지와 저를 해칠 수 없을 거예요."

그런데 정말 소년의 말처럼 안개도 이 소년을 보자마자 그곳을 떠
나 멀리 사라졌습니다. 화가 난 폭풍의 신도 어쩔 수 없었습니다. 끝
내 그도 소년을 붙잡을 방법이 없었기에 서둘러 떠났습니다. 그러자
다시 바다는 조용해졌습니다.

소년과 어부는 아무 탈 없이 어장에 이르렀습니다. 소년은 아버지
에게 마술의 노래를 가르쳐주었습니다. 그것은 고기들이 그물로 모이
도록 하는 신기한 노래였습니다.

저녁때가 되자 작은 배는 물고기로 가득 찼습니다.

어부는 연이어 계속되는 아들의 신기한 힘이 궁금하기만 합니다.
집으로 돌아오자마자 어부는 낮에 있었던 그 힘의 비밀을 아들에게
물어보았습니다. 그러나 소년은 아직 말할 때가 아니라며 입을 꾹 다
물었습니다.

다음날 소년은 많은 새들을 잡았습니다. 잡은 새들의 가죽을 모두
벗겼습니다. 그런 다음 벗긴 가죽 가운데 하나를 입고 바다 위를 날
아갔습니다. 그러자 그가 날아가는 아래쪽 바다의 빛깔이 그의 날개

빛인 잿빛으로 바뀌었습니다.

소년은 돌아와 푸른 어치의 가죽을 입고 다시 날아갔습니다. 이번에는 바닷물이 푸른빛을 띠었습니다.

또다시 그는 바닷가로 돌아와 붉은 개똥쥐빠귀 가죽을 입고 바다로 날아갔습니다. 그러자 이번에도 바다의 파도는 불꽃의 가장 밝은 빛깔로 바뀌었고, 서쪽 하늘은 황금빛이 배인 붉은 빛으로 물들었습니다.

다시 소년은 바닷가로 돌아와 이런 신기한 일들을 모두 지켜보던 어부와 아내에게 말했습니다.

"이제 떠날 때가 되었습니다. 아버지 어머니, 저는 원래 태양의 아이랍니다. 어제는 제 힘을 시험받았습니다. 오늘 이제 그 모든 시험을 마쳤으니 저는 떠나야 합니다. 저는 더 이상 아버지 어머니를 찾아뵐 수 없습니다. 그러나 슬퍼하지 마세요. 저녁이면 저는 서쪽 하늘의 황혼으로 자주 나타날 것입니다. 저녁이 되어 하늘과 바다가 저의 얼굴빛처럼 붉게 물들면 다음날 아침에는 바람도 폭풍도 없다는 것을 알게 될 것입니다.

비록 제가 멀리 간다 해도 필요할 때 저를 부를 수 있는 능력을 드리겠어요. 언제라도 제가 어머니와 아버지의 바람을 알 수 있도록 하얀 깃털 제물을 마련하세요. 그래서 서쪽에 있는 제 집에서 그것을 볼 수 있게 해주세요. 아주 멀리에서도 볼 수 있게요."

말을 마치자 소년은 양어머니에게 신비로운 옷을 주었습니다. 마지막으로 양부모에게 작별 인사도 했습니다. 그리고는 서쪽으로 힘차게 날아갔습니다.

어부와 아내는 다시 슬픔과 외로움에 잠겼습니다. 그러나 어부의 아내에게는 소년이 주고 간 힘이 있었습니다. 그래서 바닷가에 앉아 그 신비로운 옷을 느슨하게 하면 뭍에서 바람이 불었고 폭풍까지도 생겼습니다. 그래서 신비로운 옷을 느슨하게 하면 할수록 폭풍우는 더욱 거세졌습니다.

늦가을이 되었습니다. 바닷가에도 무서리가 내렸고, 저녁이면 으슬으슬 추워졌습니다. 하늘빛도 잿빛으로 바뀌었습니다. 그러자 어부의 아내는 양아들의 말이 떠올랐습니다.

그녀는 새의 가슴에서 작고 흰 깃털을 뽑아 하늘로 높이 던졌습니다. 신비로운 옷을 느슨하게 하면서 말입니다.

그러자 깃털들은 서쪽 하늘로 떠오르다가 눈송이처럼 바람에 흩날리다가 땅에 떨어졌습니다. 소년이 있는 곳에도 떨어졌습니다. 지금 세상은 온통 잿빛에 젖어 몹시 슬프다는 것을 알리려고 말입니다. 소년의 황금빛 얼굴을 보고 싶어하는 양어머니의 마음도 전했어요.

그래서 소년은 저녁 무렵부터 태양이 저물 때까지 황혼이 되어 머물렀답니다. 저녁 하늘은 붉게 물들었고 서쪽 바다는 황금빛으로 넘실거렸죠.

소년이 오래 전에 약속한대로 그 다음날에는 바람 한점 불지 않았습니다.

- 캐나다 인디언 설화에서-

사냥꾼 4형제 (북 아메리카 인디언)

사냥꾼 4형제가 있었습니다. 다른 어떤 사냥꾼도 이 4형제만큼 길을 추적하는 재능을 따라가지 못했습니다. 이들은 한번 사냥을 시작하면 포기하는 법이 없었습니다.

추운 계절이 시작되는 어느 날, 네 명의 사냥꾼이 사는 마을에서 급한 전갈이 도착했습니다. 괴물처럼 몸집이 크고 힘도 센 거대한 곰 한 마리가 등장했던 것이었습니다. 괴물이 사냥 구역을 전부 장악했기 때문에 마을 사람들은 모두 크게 두려워했습니다.

어린아이들은 더 이상 숲 속에서 놀지 않았습니다. 매일 밤 집집마다 사람들은 무기를 들고 입구를 지켰습니다. 매일 아침 사람들이 밖으로 나가보면 마을로 지나간 거대한 곰이 남긴 커다란 흔적을 발견할 수 있었습니다. 사람들은 곰이 점점 더 혈기왕성해지리란 것을 알고 있었습니다.

창을 집어 들고, 네 명의 사냥꾼은 그들의 작은 강아지를 데리고 그다지 멀지 않은 마을로 출발했습니다. 점점 더 가까이 다가가자 그들은 숲 속이 얼마나 조용한가를 새삼 느꼈습니다. 토끼나 사슴의 자취도 없었고 지저귀는 새소리조차 들을 수 없었습니다.

그들은 커다란 소나무에 곰이 자기 영역을 표시하기 위해 앞다리를 치켜 올려 새겨놓은 발톱 자국을 발견했습니다. 형제 중 제일 키가 큰 사냥꾼이 창끝으로 가장 높이 새겨진 발톱 자국에 닿으려고 손을 뻗어 올렸습니다. "사람들이 두려워했던 그대로야." 첫째 형이 말했습

니다. "우리가 사냥해야 하는 이 녀석은 **니야과해야**. 괴물 곰이란 뜻
이지."

"하지만 니야과해가 가진 마법의 힘은 어떡하지?" 둘째 형이 말했
습니다.

첫째 형은 고개를 저었습니다. "우리가 녀석의 자취만 찾는다면 마
법은 소용이 없을 거야."

"맞아." 셋째 형이 말했습니다. "그 얘기를 노인들한테 항상 들어
왔어. 그런 짐승들은 아직 그 짐승의 자취를 찾지 못한 사냥꾼들만
쫓아 올 수 있다고 해. 누군가 니야과해가 지나간 자취를 찾는다면,
놈은 달아나야 하거든."

"형님들." 가장 뚱뚱하고 게으른 막내가 말했습니다. "음식은 충분
히 가져왔어? 이 커다란 곰을 잡기까지 오랜 시간이 걸릴 수도 있어.
난 배고프단 말이야."

머지않아 네 명의 사냥꾼과 작은 강아지는 마을에 도착했습니다.
참으로 보기에 안타까운 광경만 눈앞에 보였습니다. 마을 중앙에 불
짚인 화덕도 없었으며 집집마다 문은 닫혀있었습니다. 단호해 보이는
남자들이 곤봉과 창을 들고 마을을 지키고 있었고, 사냥한 고기나 햇
볕에 말려야 할 가죽도 걸려있지 않았습니다. 사람들은 모두 배가 고
파 보였습니다.

마을의 우두머리 추장이 나오자 사냥꾼 중 가장 키 큰 형이 말을
걸었습니다.

"숙부." 사냥꾼이 말했습니다. "저희는 괴물을 물리치는 일을 돕고
자 왔습니다."

그리고는 가장 뚱뚱하고 게으른 막내가 말했습니다. "숙부, 우리가

먹을 음식이 있습니까? 우리가 이 커다란 곰을 잡으러 가기 전에 쉴 만한 장소는 있습니까? 저는 피곤합니다."

첫째 사냥꾼이 고개를 저으면서 웃었습니다. "동생은 농담을 하는 겁니다, 숙부님. 저희는 이제 괴물 곰의 자취를 추적할겁니다."

"나는 너희가 그 일을 할 수 있을지 잘 모르겠구나, 조카들아." 우두머리 추장이 말했습니다. "아침마다 흔적은 오두막집들의 입구를 향해 점점 가까워지지만, 우리가 추적하려고만 하면 흔적은 자취를 감추고 없어진단다."

둘째 사냥꾼은 무릎을 굽히고 작은 강아지의 머리를 쓰다듬었습니다. "숙부, 그건 우리 강아지처럼 영리한 강아지가 없어서이기 때문입니다." 사냥꾼은 작은 강아지의 두 눈 위에 있는 검은 두 반점을 손가락으로 가리켰습니다. "네눈박이는 아무리 오래된 흔적이라도 알아볼 수 있는 녀석입니다."

"그렇다면 창조자가 너희를 지켜주기를 빌겠다." 우두머리 추장이 말했습니다.

"걱정하지 마십시오, 숙부님." 셋째 사냥꾼이 말했습니다. "저희는 한 번 사냥을 나가면 사냥이 끝날 때까지 잠시도 쉬는 법이 없습니다."

"그러니까 먼저 식사라도 해야 한다고 생각해." 넷째 사냥꾼이 말했으나 형들을 그 말에 귀를 기울이지 않았습니다. 형들은 우두머리 추장에게 고개를 숙이고 떠나기 시작했습니다. 형제들 중 가장 뚱뚱하고 게으른 사냥꾼은 그의 기다란 창을 들고 느릿느릿 형들의 뒤를 좇았습니다.

형제는 작은 강아지의 뒤를 따라갔습니다. 강아지는 마치 네 개의 눈으로 사방을 둘러보는 것처럼 계속 고개를 들었습니다. 자취를 찾는 것은 쉬운 일이 아니었습니다.

"형님들." 가장 뚱뚱하고 게으른 사냥꾼이 불평했습니다. "좀 쉬어야겠다고 생각하지 않아? 우리는 오랫동안 걸어왔잖아." 그러나 사냥꾼 형들은 그에게 전혀 관심을 주지 않았습니다. 흔적은 전혀 찾을 수 없었으나, 형제들은 니야과해가 머무르고 있다는 것을 느낄 수 있었습니다. 형제들은 그 짐승의 자취를 빨리 찾지 못한다면 짐승이 그들을 쫓아오리란 것을 알고 있었습니다. 그렇게 된다면 형제들이 짐승의 사냥감이 되고 마는 것입니다.

형제 중 가장 뚱뚱하고 게으른 사냥꾼은 페미컨(말린 고기)이 들어있는 주머니를 꺼냈습니다. 걸어갈 동안에라도 먹을 수 있다고 생각했습니다. 그는 주머니를 열고 긴 고기 조각과 열매를 단풍나무 즙으로 동여매어 햇볕에 말려서 정성껏 준비한 음식을 꺼냈습니다. 그러나 페미컨 대신 핏기 없고 꿈틀거리는 것들이 그의 손안에 쏟아져 나왔습니다. 니야-과해가 부린 마법 능력이 음식을 지렁이로 변화시켰던 것이었습니다.

"형님들." 가장 뚱뚱하고 게으른 사냥꾼이 소리쳤습니다. "서둘러서 그 커다란 곰을 잡자! 놈이 내 페니컨을 어떻게 만들어 버렸는지 봐. 이제 난 화가 나려고 해."

한편, **창백하고 거대한 그림자 같은** 니야과해는 나무 사이로 사냥꾼들에게 가까이 접근해가고 있었습니다. 입을 벌린 짐승은 그들을 주시하고 있었으며, 짐승의 커다란 이빨은 반짝였고 눈은 빨갛게 순간적으로 번쩍이었습니다. 곧 짐승은 사냥꾼들 뒤에 도착해서 그들을 쫓을 작정이었습니다.

하지만 바로 그때, 작은 강아지는 고개를 들고 깽깽거렸습니다.
"에-해!" 첫째 형이 소리쳤습니다.

"네눈박이가 자취를 찾았군!" 둘째 형이 소리를 질렀습니다.

"우리는 니야과해가 지나간 길을 찾았어." 셋째 형이 말했습니다.

"이 커다란 곰아!" 가장 뚱뚱하고 게으른 자가 외쳤습니다. "이제는 우리가 너를 쫓아가겠다!"

처음으로 거대한 곰은 두려움을 느끼면서 달아나기 시작했습니다. 짐승이 소나무 껍질 사이에서 벗어나자 네 명의 사냥꾼은 거대하고 허연 형체, 너무나 창백해서 거의 벌거벗은 듯이 보이는 물체를 보았습니다. 함성을 크게 지르며 사냥꾼은 짐승을 쫓아가기 시작했습니다. 거대한 곰의 발 폭은 길어서 사슴보다도 날렵하게 달아났습니다. 그러나 네 명의 사냥꾼과 작은 강아지도 날렵해서 결코 뒤떨어지지는 않았습니다. 자취는 늪과 덤불 사이로 길을 이어나갔습니다. 곰이 다른 모든 것을 젖히고 달렸기에 자취를 따라가는 것은 쉬웠습니다. 심지어 커다란 나무도 쓰러뜨리면서 달렸습니다. 그들은 언덕 넘어 계곡 지나, 계속해서 뛰었습니다. 그들은 산비탈에 도착해 길을 따라 점점 높이높이 따라 올라갔습니다. 이따금 그들의 사냥감을 바로 앞 언덕너머로 얼핏 보기도 했습니다.

게으른 사냥꾼은 이제 뛰는 것이 지쳐가고 있었습니다. 그는 넘어지면서 발목을 삐는 척 했습니다.

"형님들, 제가 발목을 삐었습니다. 저를 들고 가셔야겠습니다."

그래서 삼형제는 막내가 하자는 대로 했습니다. 두 명이 막내를 돌아가면서 들고 올라갈 동안 셋째 사냥꾼은 창을 들고 올라갔습니다. 그들은 무거운 짐 때문에 속도가 느려졌으나 더 뒤떨어지고 있지는 않았습니다. 낮은 이제 밤으로 접어들었으나 여전히 그들 앞에 거대한 곰의 허연 형체가 보였습니다.

이제 산꼭대기에 도달한 사냥꾼들에게 그들이 밟고 뛰어서 지나가는 땅이 무척 어두워 보였습니다. 곰도 지쳐가고 있었으나 사냥꾼들도 함께 지쳐가고 있었습니다. 그들의 뚱뚱하고 게으른 막내 동생을 들고 뛰어가기는 쉽지 않았습니다. 작은 강아지 네눈박이는 거의 거대한 곰 꽁무니 가까이 다가서 있었으며 짐승이 뛰어갈 때 꼬리를 물기도 했습니다.

"형님들." 가장 뚱뚱하고 게으른 자가 말했습니다. "나를 이제 내려줘. 다리가 좀 나아진 것 같아."

형들은 막내가 하자는 대로 했습니다. 휴식을 취한 후 새 힘이 충분히 솟아올랐던 가장 뚱뚱하고 게으른 자가 그의 창을 휘어잡고 다른 형들을 앞질러 달렸습니다. 거대한 곰이 뒤돌아 작은 강아지를 물어 버리려고 할 순간, 가장 뚱뚱하고 게으른 사냥꾼이 겨눈 창이 니야과해의 가슴 정통에 꽂히고 말았습니다. 괴물 곰은 쓰러져 죽었습니다.

다른 형제들이 뒤쫓아 왔을 즈음에 가장 뚱뚱하고 게으른 사냥꾼은 벌써 불을 지피고 커다란 곰을 조각조각 자르고 있었습니다.

"이리와, 형님들." 사냥꾼이 말했습니다. "먹자. 이렇게 뛰고 나니 배고파졌어!"

그래서 그들은 거대한 곰의 고기를 구워먹었으며, 고기에서 나온 기름이 불에서 뚝뚝 떨어질 때 맛있게 익었습니다. 그들은 가장 뚱뚱하고 게으른 막내까지도 만족할 만큼 먹고서 편안한 마음으로 뒤로 기대어 쉬었습니다. 하지만 그때, 첫째 사냥꾼이 발밑을 쳐다보았습니다.

"얘들아." 그가 외쳤습니다. "저 아래를 봐!"

네 명의 사냥꾼은 아래를 내려다보았습니다. 그들 아래에는 작고 반짝거리는 수많은 별빛이 어둠 속에 있었습니다. 그들은 그 수많은 별빛이 그들을 둘러싸고 있다는 것을 알아차렸습니다.

"우리는 산꼭대기에 있었던 게 아니었어." 셋째 형이 말했습니다. "우리는 하늘 위에 있는 거야."

그 말은 사실이었습니다. 거대한 곰에게 신비한 힘이 정말로 있었던 것이었습니다. 짐승의 발은 네 명의 사냥꾼으로부터 도망치기 위해 땅보다 훨씬 높은 곳으로 올라갔던 것이었습니다. 그러나 끝까지 사냥을 포기하지 않으려는 사냥꾼들의 끈기가 그 신비한 길로 따라 올라가게 해주었습니다.

바로 그때, 작은 강아지는 두 번 깽깽거렸습니다.

"거대한 곰이다!" 둘째 사냥꾼이 말했습니다. "저것 봐!"

사냥꾼들은 그 쪽을 보았습니다. 그들이 사냥감의 뼈다귀를 쌓아놓았던 곳에 거대한 곰은 다시 소생하면서 발로 일어서고 있었습니다. 그들이 구경하는 동안 짐승은 다시 달아나기 시작했으며 작은 강아지는 가까이서 짐승의 뒤를 따르고 있었습니다.

"나를 따라와!" 첫째 형이 소리쳤습니다. 창을 집어 들고 네 명의 사냥꾼은 다시 **궁창**을 가로질러 거대한 곰을 다시 쫓아가기 시작했습니다.

노인들 말에 따르면, 과거에도 그러했었고 지금도 계속 그렇다고 합니다. 가을마다 사냥꾼들은 궁창을 가로질러 거대한 곰을 쫓는답니다. 그리고서 사냥꾼들이 곰을 식사로 먹으려고 고기를 자를 때, 그 피가 하늘로부터 떨어져 단풍나무 잎을 빨갛게 물들입니다. 그들이 고기를 구울 때 뚝뚝 떨어지는 기름이 잔디밭을 하얀색으로 변하게 만듭니다.

계절이 변할 때 하늘을 자세히 관찰해 보면 이 이야기를 읽어볼 수 있습니다. 거대한 곰은 어떤 이들이 북두칠성이라고 부르는 네모난 국자 모양입니다. 희미하게 겨우 보이는 사냥꾼들과 그들의 작은 강아지는 뒤에 가까이 붙어있는데, 국자의 손잡이 모양을 하고 있습니다.

가을이 와서 별자리가 거꾸로 뒤집힐 때 노인들은 "아, 그 게으른 사냥꾼이 곰을 죽였구나."라고 말합니다. 하지만 달이 지나 하늘이 다시금 봄을 향해 변해갈 때, 곰은 서서히 제 발로 일어서서 사냥은 다시 한 번 시작됩니다.

벌새 (쥬니)[1]

옛날에 벌새 호야는 사랑하는 할머니와 함께 오늘날 멕시코에 위치해 있는 성산의 무지개 동굴 근처에 살았습니다.

하루는 사랑하는 할머니에게 호야는 말했습니다. "키아키아 족 사람들이 무엇을 하는지 보고 올게요"

호야는 아주 작았고 그래서 사람들이 그를 확실히 볼 수 있는지 알고 싶어서, 화려한 색상의 벌새외투를 입고 멀리 날아보았습니다. 발아래 아름다운 샘이 보이자 가보기로 결심하고는 깃털로 아름답게 장식 되어있는 외투를 벗었습니다.

얼마 지나지 않아 카아키마시 추장의 딸 키아가 항아리를 이고 시원한 샘물을 길러왔습니다. 수많은 쥬니족 인디언 청년들은 키아와 결혼하고 싶었지만 추장인 그녀의 아버지에게 감히 물어보지도 못했습니다.

키아는 옆에 있는 매력적인 젊은이에게 한마디 말도 걸지 않으며 물을 긷기 시작했습니다.

"물 좀 얻어 마실 수 있을까요?" 호야가 물었습니다.

키아는 그에게 물 한 잔을 건넸습니다. 그가 물잔을 그녀에게 돌려줄 때 거기에는 약간의 물이 남아있었습니다. 장난삼아 키아는 물을

---

1) 쥬니(Zuni) 또는 아시위(Ashiwi)족은 서부 뉴멕시코 콜로라도강 지류인 쥬니강을 따라 산 프에블로(Pueblo) 종족의 한 지파이다.

그에게 튕기며 키득거렸습니다.

덤불 뒤에서 지켜보던 쥬니족 젊은이들은 키아가 왜 웃는지 의아했고 또한 이 낯선 젊은이가 누군지 궁금했습니다. 그때 그들은 추장의 딸이 "우리 집에 같이 가요."라는 말소리를 들었습니다.

호야는 키아를 따라 그녀의 집으로 갔고, 오두막 지붕으로 연결된 사닥다리 밑에서 둘은 얼마동안 얘기를 나눴습니다. 곧이어 호야는 "집에 가야할 때가 되었군요."라고 말했습니다.

"내일도 샘터에서 만나고 싶어요."라고 말하고는 키아는 오두막 지붕으로 올라갔습니다. 호야는 마술 깃털외투를 입고는 눈에 띄지 않은 채 날아가 버렸습니다. 마을 청년들은 호야가 사라지는 것을 보지 못하자 호기심이 생겨났습니다.

호야가 사랑하는 할머니 집으로 돌아왔을 때, 할머니는 해바라기 꽃가루가 섞여있는 꿀단지를 갖고 있는 호야를 보았습니다. 다음날 호야는 추장 딸 선물로 그 맛난 음식을 들고 샘터로 갔습니다. 또다시 호야는 키아와 함께 걸어서 집으로 갔고, 사다리 밑에서 대화를 나눴습니다. 그는 가족과 함께 나눠먹을 꽃가루 꿀을 키아에게 주었습니다.

"음~ 맛있군. 우리가 좋아하는 음식이네." 키아의 부모는 말했습니다. "얘야 이런 젊은이와 결혼하면 좋겠구나."

다음날 호야가 키아와 함께 걸어서 집에 왔을 때 키아는 오두막으로 들어와 자신의 가족을 만나게 해 달라고 청했습니다.

"아니 괜찮아요, 아직 난 결혼할 수 없어요." 호야가 말했습니다. "난 당신에게 줄 사슴가죽도, 담요도, 구슬 목걸이도 없어요."

"그렇지만 난 그런 것들 필요 없어요." 키아는 대답했습니다. "난 당신이 갖다 줬던 맛있는 음식이면 족해요."

"그러면, 내일 저녁 당신 오두막으로 갈게요." 호야는 말했습니다. 그리고 키아가 사다리를 타고 지붕으로 올라가자 그는 마술외투를 입고 곧 날아갔습니다. 호야는 사랑하는 할머니에게 그간 있었던 모든 일들에 대해 말했습니다. 추장 딸이 그를 남편으로 맞이한다는 얘기도 했습니다.

"아니. 지금은 안돼." 할머니는 대답했습니다. "넌 추장 딸에게 줄 게 없어서 아직은 결혼할 수 없단다."

"그런데요 할머니. 추장 딸은 우리의 맛있는 꿀 빼고는 아무 것도 원치 않아요."

"키아 부모가 확실히 찬성했다면 나도 결혼을 허락하마."

다음날 새벽, 벌새외투를 입은 호야와 할머니는 남쪽으로 붕 날아 가서 해바라기 땅으로 갔습니다.

하루 종일 둘은 꿀과 꽃가루를 모았습니다. 나중에 집으로 돌아왔을 때 그들은 마루에 사슴 가죽을 늘어놓았습니다. 그 위에다 깃털에 묻은 꽃가루를 털어놓았습니다. 큰 조가비에는 꿀을 담았습니다. 호야가 사랑하는 할머니는 빵반죽 주무르듯이 꿀과 꽃가루를 함께 섞었습니다. 그리고 나서 할머니는 큰 공 모양의 혼합물을 사슴가죽으로 쌌고, 호야는 바로 그 날 저녁 키아에게 그것을 갖다 주었습니다.

마을 청년들은 모여서 호야가 사다리로 키아네 오두막 지붕으로 올라가는 것을 멀리서 지켜보았습니다. 몸을 숙여 오두막으로 들어가기 전에 호야는 바위 밑에 몰래 깃털 외투를 숨겨두었습니다.

"키아가 낯선 사람하고 결혼하다니 정말 슬퍼." 청년들은 그들끼리 되뇌었습니다.

쥬니 족 청년들은 예식을 드리는 키바에 모여 **족장**(Bow Chief)에게 말했습니다. "사흘 후에 앵무새 사냥을 갈 거라고 발표하세요. 그리고 우리랑 함께 가지 않는 자는 아내를 잃게 된다고도 말하세요."

그 후에 키아의 남동생은 집에 돌아와서 말했습니다. "마을 사람들이 그러는데 앵무새를 잡으러갈 때 매부를 벼랑에 버려 죽일 거래. 그리곤 누나의 목숨도 빼앗겠데."

"허풍떠는 거겠지." 키아키메시 추장이 말했습니다.

그러나 호야는 처남이 하는 말을 믿었습니다. 그는 재빨리 벌새 외투를 입고 앵무새 부인이 사는 동굴로 날아갔습니다.

"무슨 할 말이라도 있니?"

"새끼 앵무새들이 위험해진다는 것을 말하러 왔습니다. 저 역시 당신의 도움이 필요합니다."라며 그를 죽이려는 음모에 대해 앵무새 부인에게 말했습니다. 몇 분 후, 호야는 키아의 집으로 돌아왔습니다.

다음날, 앵무새 사냥은 시작됐고 호야는 후미를 맡았습니다. 그는 몰래 사슴가죽옷 속에 마술 외투를 입었습니다. 높은 벼랑에는 유카잎 줄이 앵무새 동굴로 늘어뜨려져 있었다. 사냥 무리는 호야에게 줄을 타고 새끼 앵무새 둥지로 내려가라고 지시했습니다. 그가 반쯤 내려갔을 때 마을 사냥꾼들은 줄을 놓아버렸습니다. 앵무새 부인은 동굴입구 밖에 큰 부채 모양의 꼬리깃을 펼치고 그를 기다리고 있었습니다. 부인은 제때에 호야를 잡았습니다.

청년들은 마을로 돌아오자마자, 줄이 끊겨 호야는 떨어져 죽었다고 보고했습니다. 키아 신랑의 죽음으로 그녀의 집은 엄청난 슬픔에 잠겼습니다.

앵무새 부인은 두 마리 새끼 앵무새를 데리고 마법의 외투를 입은 호야와 함께 벼랑으로 날아올랐습니다.

"제발, 두 마리 내 새끼를 잘 돌봐주게." 부인이 말했습니다. "하지만 나흘이 지나면 내게 데려다 주게나."

호야는 두 마리 새끼 앵무새를 데리고 새 보금자리로 돌아왔고, 지붕에서 그는 집안에 새어나오는 키아의 울음소리를 들었습니다.

"지붕에 누가 있나봐." 키아의 아버지가 말했습니다. "아마 네 신랑인가 보다."

"그럴 리가." 남동생이 말했습니다. "호야는 죽었는걸요." 그러나 키아는 사다리를 뛰어올라갔고, 두 마리의 앵무새를 갖고 있는 남편을 보고는 무지무지 기뻤습니다.

새벽에 호야는 사다리 기둥 꼭대기에 새끼 앵무새 두 마리를 앉혀 놓았습니다. 마을 청년 한 명이 키바에서 나와 그 새를 보았습니다. 그는 안으로 뛰어들어가며 소리쳤습니다. "모두 일어나 보세요. 호야는 죽지 않았어요. 두 마리 새끼 앵무새랑 집으로 돌아왔어요."

쥬니족 마을사람들은 두 마리 앵무새를 보며 호야를 제거할 또 다른 계획을 짰습니다.

"족장님, 부디 새끼 곰 사냥을 허락해 주십시오. 우리랑 함께 가지 않는 자가 있다면 그자는 아내를 잃게 될 겁니다."

호야는 이 끔찍한 소식을 듣고는 어미 곰 동굴로 갔습니다.

"내게 뭐 바라는 게 있니?" 어미 곰이 물었습니다.

"쥬니족 마을 청년들이 새끼 곰 사냥에 나설 거예요. 그걸 당신에서 알려주고 내 안전을 지키기 위해 당신의 도움을 청하러 왔습니다." 호야가 대답했습니다. 그리고는 호야는 자신을 죽이려는 음모에 대해 말했습니다.

나흘 후, 젊은 사냥꾼들은 어미 곰 동굴로 향했습니다. 호야는 몰래 사슴가죽 옷 안에 마술 벌새 외투를 다시 입었습니다. 청년들은 호야에게 동굴 입구에서 공격해 들어가도록 했습니다. 그리고 다른 사람들은 곰 동굴 안으로 그를 밀어 넣었습니다.

어미 곰은 호야를 잡아서 자신의 뒤로 밀어냈습니다. 어미 곰은 쥬니족 청년 사냥꾼을 뒤 쫓아가 몇 명을 죽였습니다. 나중에 호야는 두 마리의 새끼 곰과 함께 집으로 날아와서는 새벽에 곰들을 지붕에 내려놓았습니다. 마을사람들이 카아의 지붕에 있는 곰들을 발견하고는 호야가 여전히 살아있다는 것을 알았습니다.

호야는 무지개 동굴 근처에 있는 할머니 집으로 날아가 그가 새로 짠 계획에 대해 할머니에게 지혜를 구하기로 했습니다. 할머니는 새장을 여러 가지 색으로 칠하도록 도와주었다. 두 사람은 색색의 새들로 새장을 가득 채웠습니다. 쥬니족 마을로 다시 날아온 호야는 광장 가운데 갖고 온 새장을 놓았습니다. 그리고 새장 주위에 마법의 옥수수, 콩, 호박, 해바라기 씨 등을 심었습니다.

그날 저녁 반가운 비가 부드럽게 내렸습니다. 다음날 태양은 밝고 온화하게 비춰주었습니다. 쥬니족 마을사람들은 자신의 덮집에서 나오자 그들 앞에 펼쳐진 광경을 보고 깜짝 놀랐습니다. 광장 가운데에 잘 자란 식물들이 형형색색의 새들이 노래하는 아름다운 새장을 에워싸고 있었습니다.

그 후 행복해진 쥬니족은 춤을 추면서 호야와 그가 마련한 선물을 받아들였습니다. 그들은 호야를 부족의 일원으로 사랑하게 되었습니다. 그들은 호야를 아버지라고 부르고, 그의 아내를 어머니라고 부르며 오래도록 만족한 채 살았습니다.

악어를 골려준 토끼 (크리크)[2]

오늘날 사람들이 말하듯이 동물들이 서로 말을 하던 시절, 지금은 플로리다 에버글래이즈 공원이라 불리는 곳의 통나무 위에 아주 잘생긴 악어 한 마리가 기분 좋게 햇볕을 쬐며 누워 있었습니다. 그때 토끼가 나타나 말을 걸었습니다. "멋쟁이 악어님, 악마를 보신 적 있으세요?"

"없어, 토끼야. 하지만 악마를 두려워하지는 않아."라고 악어는 대답했습니다.

"아 그러세요, 악어님. 전 악마를 보았습니다. 악마가 당신에 대해 뭐라고 그랬는지 아세요?"라며 토끼는 물었습니다.

"지금 악마가 나에 대해 뭐라고 말했다는 거야?"라며 악어가 되물었습니다.

"악마가 그러는데 당신이 자길 무서워 한데요."라며 토끼가 말했습니다. "게다가 자길 쳐다보기조차 못한다 그러던데요."

"말도 안돼."라며 악어는 말했습니다. "악마를 무서워하지도 않을 뿐더러, 쳐다보는 것도 두려워하지 않아. 다음에 악마를 만나면 내 대신에 전해줘."

"내가 생각하기에, 모래 언덕을 기어오지 못하니 당신을 악마에게

---

2) 크리크(Creek)는 오래전 조오지아 주와 플로리다 주에서 주로 살았다. 부족의 이야기꾼들은 이 전설을 되풀이하며 후손들에게 전해주었다.

소개시켜 줄 수도 없겠네요."라고 토끼는 말했습니다.

"아, 아니야. 할 수 있어. 기꺼이 너와 같이 갈께."라고 악어는 대답했습니다. "내일 가도 될까?"

"전 좋습니다."라고 토끼가 대답했다. "그런데 악어님. 연기가 피어오르는 것을 보아도 주저하지 마세요. 그건 악마가 돌아다닌다는, 그리고 곧 나타날 것이라는 신호거든요."

"내 걱정 말아"라고 악어는 말했습니다. "악어를 두려워하지 않는다고 제가 말했잖아요."

"예쁜 새들이 주변을 날아다니고, 사슴이 재빠르게 달리는 것을 봐도 겁내지 마세요."라고 토끼는 말했다.

"걱정 말라니까. 겁내지 않을 테니."라며 악어는 다시 말했습니다.

"불꽃이 튀는 소리가 당신 근처에서 들려도 겁내지 마세요."라고 토끼는 말했습니다. "당신 옆에 있는 풀에서 연기가 피어올라도 겁내지 마십시오. 악마가 단지 주변을 어슬렁거리는 것이니. 열이 아주 뜨거워야 악마를 잘 볼 수 있답니다."

토끼는 재치 있게 마지막 말을 하고는 악어가 햇볕을 쬘 수 있게 놔두었습니다.

다음날. 토끼가 와서 악어에게 자신이 앞장설 테니 함께 언덕을 기어오르자고 청했습니다. 토끼는 악어를 정상까지 인도하고는 가장 키가 큰 풀밭 속에 누워있게 했습니다. 토끼는 악어를 놔두고 산을 내려오는 내내 혼자 웃었습니다. 토끼는 악어를 물속에 있는 그의 집에서 가장 멀리 떨어진 곳으로 데리고 갔던 것입니다.

도중에 토끼는 연기가 나는 그루터기에 이르렀고 불붙은 나무 조각 하나를 가지고 그 키 큰 풀밭으로 가지고 가서 불을 붙였다. 바람 때문에 불이 악어 쪽으로 갔습니다.

곧바로 불은 그 곳을 에워싸고, 악어 쪽으로 점점 더 가까이 다가 갔습니다. 그러자 토끼는 모래 둔덕으로 달아나 앉아서 악어에게 친 장난을 지켜보며 키득거렸습니다.

순식간에 연기는 자욱하게 소용돌이치며 피어올랐고, 새들은 하늘로 날아가 버렸습니다. 다른 동물들도 살기 위해 들판을 가로질러 뛰어갔 습니다.

악어가 소리쳤습니다. "아이고, 토끼님 어디 있어요?"

"당신 거기 조용히 누워있어."라고 토끼는 대답했습니다. "악마가 돌아다니는 거야."

불길이 크게 소리를 내며 삽시간에 퍼져갔습니다. "아이이, 토끼님. 제 소리 들려요?"라고 악어가 물었습니다.

"악마가 크게 숨을 쉬는 거야."라고 토끼가 대답했습니다. "겁내지 마. 곧 악마를 보게 될 거야."

토끼는 너무 즐거워서 모래둔덕을 데굴데굴 굴렀고 고소해하며 네 발을 버둥거렸습니다.

머지않아 악어 주변의 풀에 불이 붙더니 악어 밑에 있는 풀에도 불이 붙기 시작했다. 악어는 화상을 입어 데굴거리며 몸을 뒤틀었다.

"악어야. 겁내지 마." 라고 토끼가 소리쳤습니다. "조금만 더 조용 히 있으면, 거기서 악마를 직접 보게 될 거야."

악어는 더 이상 불에 구워지는 것 참을 수 없었습니다. 가능한 빨리 언덕을 내려와 물가를 향해 기어 내려오기 시작했습니다. 턱을 앙 다물고, 고통으로 몸을 굴리고, 연기로 인해 숨이 막힌 채, 타고 있는 풀을 가로지르며 몸부림쳤습니다.

모래 둔덕에 있던 토끼는 끼들끼들 웃고, 악어에게 친 장난을 보며 기뻐서 깡충깡충 뛰었습니다.

"잠깐만 악어야. 너무 서두르지 마. 악마가 무섭지 않다고 그랬잖아."라고 토끼가 소리쳤습니다.

악어는 물 속 자신의 집에 도착하자 불에 탄 살갗으로 인한 고통을 없애기 위해 잠자러 들어갔습니다.

멋쟁이 악어는 그 후로 쭉 거짓말쟁이 토끼나 어떤 토끼의 말도 다시는 절대도 믿지 않았다고 합니다.

토끼와 얼뜨기 수달 (믹맥)[3]

오두막이 두 채 있습니다. 한 집에는 수달이 할머니와 함께 살았고, 또 다른 집에는 토끼가 할머니랑 함께 살았습니다. 하루는 토끼가 수달을 만나러 어슬렁거리며 와서는 수달 오두막으로 들어왔습니다. 수달은 집에 먹을 게 있는지 토끼에게 묻자, "없어"하고 토끼가 대답했습니다. 그래서 수달은 할머니에게 토끼를 위해 요리해 달라고 물었습니다. 그러나 할머니는 요리할 것이 없다고 말했습니다.

그래서 수달은 곧장 오두막 앞 연못으로 뛰어 들어가 길고 잘생긴 장어 한 마리를 잡아왔습니다. 그때까지 토끼는 수달이 이 식량을 잡는 법을 들여다보았습니다. 수달이 성공하자 토끼는 자신도 똑같이 할 수 있다고 여겼습니다.

그 다음날 토끼는 수달을 자신의 오두막으로 초대했습니다. 할머니는 미리 토끼에게 요리할 식사거리가 없으니 나가서 먹을 것을 구해 오라고 말했습니다. 그 때 토끼는 수달이 긴 장어를 잡았던 연못으로 갔습니다. 그러나 아무리 노력해도 토끼는 잠수를 할 수 없어서 한 마리의 고기도 낚을 수 없었습니다.

그 동안에 할머니는 기다리다 수달을 보내 토끼를 찾아오라고 보냈고, 마침내 수달은 연못에서 아무 것도 얻지 못하고 흠뻑 젖기만 한

---

3) 캐나다 남동부 인디언의 믹맥(Micmac)족.

토끼를 발견했습니다.

"왜 그러고 있니?"라고 수달이 물었습니다.

"식량을 구하려는 중이야."라고 토끼가 대답했습니다.

그러자 다정다감한 수달은 연못으로 뛰어 들어가 다시 기다란 고기 한 마리를 잡아왔습니다. 이번은 토끼 할머니가 그들을 위해 요리를 해주었습니다. 그런 다음 수달은 집으로 왔습니다.

그 다음날 토끼는 딱따구리를 방문하기로 했습니다. 딱따구리 오두막에 다다랐을 때, 딱따구리는 그의 할머니와 함께 집에 있었습니다. 할머니는 음식을 만들기 위해 큰 냄비를 꺼내며 말했습니다. "이 냄비에서 요리할 것이 없구나." 그래서 딱따구리는 밖에 있는 마른 나무통으로 가더니 먹이를 양껏 쪼아 먹은 후, 남은 것을 할머니에게 가져왔습니다. 할머니는 그들을 위해 맛있는 저녁을 만들어 주었습니다.

토끼는 딱따구리가 먹이를 얻는 법을 잘 지켜보았습니다. 그리고 딱따구리를 자신의 집으로 초대했습니다. 그 다음날 딱따구리가 토끼 오두막을 방문했습니다. 토끼는 할머니에게 냄비로 저녁밥 지어주길 바랬습니다.

"그런데 요리할 것이 없구나."라고 할머니는 대답했습니다. 그러자 토끼는 먹이를 담을 자작나무 껍질로 만든 그릇을 갖고 밖으로 나갔습니다. 토끼는 딱따구리가 하는 것을 보았으므로 코로 먹이를 파내려고 했습니다. 머지않아 딱따구리는 토끼가 늦어지는 연유를 알기 위해 밖으로 나왔습니다.

토끼는 코를 박아 나무를 쪼개려다 가운데가 찢어지는 상처를 입었습니다. 딱따구리는 저녁도 먹지 못한 채 자신의 집으로 돌아왔습니다. 그 이후로 토끼는 갈라진 코를 가진 채 돌아다녔습니다.

또 하루는 식량을 구하지 못해 절망에 빠진 토끼는 수달의 장어 몇 마리 훔칠까 생각했습니다. 그는 이틀에 한번 밤마다 그렇게 했습니다. 봄이 다가오고, 통에 들어있는 고기가 점점 줄어들자 수달은 자신의 장어가 어디로 사라졌는지 궁금해졌습니다.

수달은 망을 보면 금방 토끼의 발자국을 발견할 수 있으리라 생각했습니다. "그게 사실이라면 토끼 넌 죽었어." 라고 수달은 중얼거렸습니다. 수달의 마음을 토끼는 잘 알고 있었습니다. 그래서 자신의 오두막으로 수달이 찾아오자 토끼는 도망갔습니다.

수달은 토끼 할머니에게 물었습니다. "토끼 어디 있나요?"

"모르겠는데."라며 할머니는 말했습니다. "간밤에 장어 몇 마리 집에 갖고 와서는 사라져버렸다."

"내 장어를 훔친 거야."라며 수달은 말했습니다. "만나기만 해봐라. 죽여 버리겠어."

이렇게 해서 수달은 토끼를 찾아 나섰고, 토끼는 수달이 자신을 추적하리라고 추측하고 있었습니다. 수달이 점점 토끼에게 다가오자, 토끼는 지푸라기 하나를 집어서 오두막이 되게 해 달라고 부탁했습니다. 즉시 그 지푸라기는 오두막이 되었고, 토끼는 그 안에 앉아있는 노인이 되었습니다.

수달이 나타나 오두막 안에 백발의 노인이 앉아있는 모습을 보았습니다. 노인은 맹인인 척했습니다. 수달은 이 사람이 토끼라는 사실을 몰랐습니다. 노인을 불쌍히 여긴 수달은 그를 위해 약간의 땔감을 주워 주면서 토끼 지나가는 소릴 듣지 못했는지를 물었습니다. "아니, 오늘은 아무 소리도 듣지 못했어." 그래서 수달은 계속 토끼를 찾아 나섰습니다.

그 후에 토끼는 오두막을 나와 다른 길로 갔습니다. 수달은 토끼발자국을 찾을 수 없었습니다.

수달이 가까이 있다는 것이 감지되면, 토끼는 부스러기를 주워 집이 되길 소원했고, 그러면 집이 생겨났고 토끼는 기꺼이 그 안에서 살았습니다. 수달이 나타나 보면, 정면에 베란다가 있는 집에서 키큰 신사가 흰옷을 입고 왔다갔다 걸으며 신문을 읽고 있었습니다.

물론 이 자가 토끼였지만 수달은 알지 못했습니다. 수달은 큰 신사에게 물었습니다. "이 쪽으로 가는 토끼 보지 못했습니까?" 그 신사는 듣지 못하는 것처럼 보였습니다. 그러자 수달은 다시 물었습니다. 큰 신사는 서툰 영어로 "절대로 토끼 못 봤어."라고 대답했습니다. 그러나 수달은 그를 유심히 쳐다보며 발을 주시했습니다. 바로 토끼의 발이었습니다. 그래서 수달은 이것이 자신이 찾아다니던 것임을 확신했습니다.

큰 신사는 수달에게 빵과 포도주를 주었고 수달은 서둘러서 그 곳을 떠났지만 토끼를 다시 추적하기 위해 그 집으로 돌아갔습니다. 그 곳에 다시 갔을 때 집에는 아무도 없었습니다. 하지만 수달은 토끼가 도망친 길을 볼 수 있었습니다.

"두 번 다시 결코 날 속일 수 없을걸. 마지막이 될 거다."라고 수달은 선언했습니다.

토끼는 당장 아주 작은 섬이 있는 해안가로 갔습니다. 그 섬은 너무 작아서 누구나 뛰어서 건널 수 있었습니다. 그는 섬으로 뛰어 들어갔고, 섬이 군함이 되어주길 빌었습니다.

수달도 그 해안가로 갔는데 거기에 큰 군함이 정박해 있고 흰옷을 입은 그 큰 신사가 갑판 위를 걸어 다니는 것을 보았습니다. "이제 더 이상 나를 속이지 못할 거다. 내가 찾는 자가 바로 너다."라고 수달은 소리쳤습니다.

그리고 나서 수달은 헤엄쳐가서 배에 올라타 토끼를 죽이려 했습니다. 그러나 큰 신사는 선원들에게 외쳤습니다. "쏴라. 저 놈 가죽은 프랑스에서는 상당한 돈벌이가 된다."

옥수수의 조상 (치퍼와 – 오지브아)[4]

옛날 옛날 가난한 오지브와 인디언이 지금의 위스콘신 주 외딴 곳에서 아내와 아이들과 함께 살았습니다. 그는 아주 가난해서 가족에게 식량과 생필품을 제대로 대주질 못했습니다.

자식들도 너무 어려 그를 많이 도와주지 못했습니다. 그렇지만 그는 마음씨 곱고 평온한사람이었습니다. 가족과 나눠 쓰는 것들을 준 하늘 추장에게도 늘 고마워했습니다.

수호신 모험을 할 나이가 된 장남은 아버지의 선량한 성격을 이어받았습니다. 인디언 소년들은 평생 자신을 지켜줄 수호신을 찾길 고대해왔습니다. 소년들은 자신의 수호신의 이름을 알려고 했고 그 수호신이 자신들에게 아주 특별한 힘을 주리라고 믿었습니다.

장남은 어렸을 때부터 부모의 말을 잘 따랐습니다. 깊이 생각하고, 남을 배려하고, 부드러운 태도로 가족과 부족들을 늘 즐겁게 했습니다. 봄이 오자, 전통적으로 장남은 외딴 곳에 오두막을 짓고 꿈을 실현하려 했습니다. 그 동안 어떤 방해도 받지 않을 것입니다. 오두막을 장만한 그는 곧바로 7일간의 금식에 들어갔습니다.

장남은 처음 며칠 동안 숲과 산길을 걸으며 즐겼습니다. 나무, 식물, 꽃 등을 조사했습니다. 야외에서 하는 이런 육체적 노력이 그로

---

4) 치퍼와–오지브아(Chippewa-Ojibwa)는 같은 부족의 다른 발음이며 치퍼와는 오대호 연안에서 가장 큰 영토를 지배한 강력한 부족이었다.

하여금 밤에 곤히 잠들게 해주었습니다. 낮에 관찰한 것들이 즐거운 생각과 꿈으로 정신을 충만케 했습니다.

장남은 나무, 식물, 꽃, 딸기가 어떻게 자라는지 점점 더 알고 싶었습니다. 겉보기에 그것들은 인디언의 도움 없이도 야생에서 잘 자라났습니다. 어떤 것은 먹어도 좋고, 어떤 것에는 독이 들어 있는지 궁금했습니다. 밤에 집으로 돌아오면 자꾸 이 생각이 났습니다. 자신의 가족과 부족을 도와줄 방법이 꿈에 나타나길 남몰래 소망했습니다.

"하늘 추장이 모든 것을 인도하고 난 모든 걸 그에게 빚지고 있어." 그는 스스로 생각했습니다. "하늘 추장은 인디언이 매일 동물을 사냥하지 않고도 양식을 충분히 쉽게 구하게 해줄 거야."

"꿈에서 방법을 찾아야해." 그는 곰곰이 생각했습니다. 금식 3일째 그는 침대에 누워있었습니다. 체력이 약해져서 어지러웠습니다. 이따금씩 자신이 죽어간다고 생각했습니다. 그는 꿈속에서 튼튼하고 잘생긴 젊은이가 하늘에서 내려오고는 자신에게 다가오는 것을 보았습니다. 젊은이는 초록과 노랑의 화려한 옷을 입고 있었습니다. 머리에는 나부끼는 깃털 장식을 쓰고 있었습니다. 움직이는 동작이 우아했습니다.

"나를 네게 보냈다." 하늘 방문객이 말했습니다. "하늘과 땅의 모든 것을 만든 하늘 추장은 나를 너의 수호신으로 명했고 나더러 너를 시험하라고 하셨다."

"하늘 추장은 네가 모험 중에 했던 모든 일은 보셨다. 너의 친절하고 훌륭하고 은밀한 마음의 소망을 다 알고 계시다. 하늘 신은 네가 가족과 부족을 돕기 위한 방법을 찾고 있음을 알고 계시다. 네가 전쟁을 위해 힘을 키우지 않는다는 것을 알고는 기뻐하신다. 소원이 이루어지는 법을 네게 알려주기 위해 나는 왔다. 먼저, 너의 영혼의 이름은 운쯔이다."

그리고 나서 그 방문객은 운쯔에게 일어나 씨름을 하자고 말했습니다. 이거야말로 그의 신성한 소원을 달성할 유일한 방법이었습니다. 금식으로 약해질 대로 약해진 운쯔는 이방인과 어떻게 싸워야할지 궁금했습니다. 그는 도전을 했고, 가능한 노력이라도 하다가 죽기로 마음먹었습니다. 둘은 씨름을 했습니다. 얼마 후 운쯔는 거의 기운이 바닥났고, 하늘 이방인은 말했습니다. "오늘은 이만하자. 내일 다시 와서 너를 좀 더 시험할 것이다." 방문객은 미소를 지으며 내려왔던 방향으로 똑같이 올라갔습니다.

다음날 같은 시간에, 그 이방인은 나타났습니다. 다시 둘은 씨름을 했습니다. 운쯔는 전날보다 더 약해졌지만, 심신을 자신의 일에 몰두했습니다. 용기는 피로한 육체적 힘에 반비례로 늘어났습니다. 이방인은 운쯔가 땅에 떨어지기 직전에 멈췄습니다.

"내일이 마지막이야. 이것만이 너의 마음속에 들어있는 신성한 소망을 이룩할 수 있는 유일한 방법이니, 강해지게, 친구." 하늘 방문객은 말했습니다.

운쯔는 마지막 힘을 다해 침대에 누웠습니다. 모험의 마지막 시험을 견딜 지혜와 충분한 힘을 달라고 하늘 추장에게 기도했습니다.

세 번째 날도 그들은 씨름을 했고, 운쯔는 너무 허약해져서 팔과 다리가 고무처럼 느껴졌습니다. 그러나 이기기 위해서는 인내가 필요하다고 마음속으로 다짐하면서 상대를 밀쳤습니다. 처음 두 번의 씨름 시합과 같은 정도의 시간이 지나갔습니다. 갑자기 이방인은 멈추었고 운쯔가 자신을 무찔렀다고 선언했습니다.

그런 다음 하늘 방문객은 처음으로 오두막에 들어왔습니다. 그는 운쯔 옆에 앉아서 은밀한 소원을 달성하기 위해 지금 해야 할 일을 가르쳐주었습니다.

"위대한 하늘 추장은 네 소망을 들어주셨다. 넌 남자답게 씨름을 했다. 내일이 금식 7일째다. 네 아버지가 와서 음식을 갖다 줄 것이다. 금식 마지막 날이니 넌 성공할 수 있다."

"이제 네 마지막 승리를 얻기 위해 해야 할 일을 말해주겠다. 내일 우리는 한 번 더 씨름을 할 것이다. 마지막으로 네가 나를 압도할 때, 나를 던지고, 옷을 몽땅 벗겨라. 뿌리와 잡초를 뽑은 후 땅을 부드럽게 다져라. 그런 다음 그 자리에 나를 묻고, 초록과 노랑 옷을 입힌 후 흙으로 나를 덮어라."

"이 일을 마치면, 땅에 내 육신을 놔둬라. 방해하지 마라. 내가 살 아났는지 확인하러 가끔씩 와라. 내 무덤에 풀이나 잡초가 자라지 못하도록 신경 써라. 한 달에 한번, 신선한 흙으로 덮어줘라. 내가 한 말을 잘 지킨다면 넌 수호신 모험에서 성공할 것이다. 지금 내가 너에게 가르쳤던 것을 너의 부족들에게 가르치면 너의 가족과 모든 인디언을 도와주게 될 것이다."하늘 방문객은 말을 마무리 지었다. 그리고 둘은 악수를 했고 방문객은 떠났습니다.

7일째 아침, 운쯔의 아버지는 약간의 음식을 갖고 왔습니다.

"얘야, 기분은 어떠니? 충분히 오래 굶었다. 음식을 마지막으로 먹은 지 7일이 지났다. 목숨을 희생해서는 안 된다. 대정령도 너에게 그걸 요구하지 않아."

"아버지, 음식을 갖고 와주셔서 고맙습니다. 해가 질 때까지 혼자 있게 해주세요. 특별한 이유가 있어서 그래요."

"좋아. 해질녘까지 집에서 널 기다리마."라고 아버지는 대답하고는 떠났습니다.

하늘 이방인은 전과 같은 시간에 돌아왔습니다. 마지막 씨름 시합이 시작됐습니다. 운쯔는 아버지가 가져다 준 음식을 먹지 않았습니다. 그렇지만 이미 그에게 주어진 새로운 내적인 힘을 느꼈습니다. 수호신이 주는 신령스런 힘이었을까요?

운쯔는 초능력을 지닌 상대방을 움켜쥐고는 땅으로 내동댕이쳤습니다. 운쯔는 아름다운 옷과 깃털을 벗겼습니다. 그때에 자신의 친구가 죽었음을 알았습니다.

운쯔는 세세히 그 가르침을 기억했고, 쓰러졌던 바로 그 자리에 수호신을 묻었습니다. 운쯔는 모든 지시사항을 자세하게 따랐고, 이 친구가 다시 살아날 것이라고 믿었습니다.

운쯔는 저녁에 아버지의 집으로 돌아왔습니다. 어머니가 준비한 음식을 조금씩 먹었습니다. 그는 친구의 무덤을 한시도 잊은 적이 없었습니다. 봄이 지나 여름이 오자 그는 무덤을 정기적으로 찾아갔습니다. 조심스럽게 풀과 잡초를 뽑으며 땅을 부드럽고 무르게 했습니다. 얼마 되지 않아 그는 초록의 새싹들이 자라는 것을 보았습니다. 그가 그 식물을 돌보면 돌볼수록 연녹색의 솜털도 점점 더 자라났습니다.

운쯔는 아버지에게 그 사실을 감췄습니다. 날이 가고 달이 지나면서 여름도 끝나갔습니다. 그리고 어느 날 운쯔는 아버지를 모험의 장소로 데리고 왔습니다. 아버지에게 그곳에서 우아하게 자라는 식물들을 보여주었습니다. 노란 부드러운 털이 난 녹색 열매는 익어서 흔들거리고 있었습니다. 금빛의 녹색 열매 덩어리들이 줄기 양쪽에 달려있었습니다.

"아버지 이 식물들은 꿈속의 친구가 준거예요." 운쯔는 대답했습니다. "그는 내 수호신이자 모든 인디언을 위한 옥수수라는 뜻의 몬다우민이라고 부르는데 전인류의 친구지요. 이것이 저의 모험, 말하자면 은밀한 마음의 소망에 대한 대답입니다. 우린 이제부터 더 이상 식량을 위해 매일 동물을 사냥할 필요가 없을 거예요. 옥수수 선물을 잘 돌보는 한, 대지는 우리에게 생계에 필요한 좋은 식량을 줄 겁니다."

운쯔는 첫 옥수수를 따서 아버지에게 건넸습니다.

"보세요, 아버지. 이 옥수수야말로 제가 단식했던 이유입니다. 하늘 추장은 저의 모험을 받아들였어요. 우리에게 멋진 옥수수 식량을 보내주었어요. 지금부터 살기 위해 사냥과 고기잡이에만 전적으로 의존할 필요가 없게 됐지요."

운쯔는 아버지와 얘기를 하며 수호신에게 받았던 모든 가르침을 아버지에게 말했습니다. 옥수수 껍질을 옥수수 대에서 떼어내는 법과 앞으로 재배를 위해 최초의 씨를 거둬들이는 법을 아버지에게 보여주었습니다. 옥수수 이삭을 오래 불 앞에 두면 바깥 잎이 갈색으로 변하고 옥수수 알갱이 달고 즙이 많아진다는 사실을 설명했습니다.

온가족이 운쯔의 옥수수 축제에 모였습니다. 하늘 추장이 준 풍요롭고 멋진 선물에 대한 감사의 기도를 아버지가 시작했습니다. 운쯔는 수호신 모험이 성공적으로 끝나자 행복했습니다.

이것이 치페와 오지브와 부족들에게 운쯔가 옥수수의 조상으로 알려지게 된 내력입니다.

옥수수를 만든 칠면조와 그것을 심은 코요테 (화이트 마운튼 아파치)[5]

옛날 모든 동물들이 사람처럼 말하던 시절, 소년이 누이에게 음식을 달라고 보내는 소리를 칠면조가 엿들었습니다. "남동생이 뭘 달래?"하고 칠면조는 여자애에게 물었습니다. "걔는 배고프다지만, 우린 먹을 게 하나도 없어."라고 소녀는 말했습니다.

칠면조가 이 소리를 듣고는 온몸을 흔들었습니다. 여러 종류의 과일과 야생 식량이 몸에서 떨어져 나왔고, 남매는 이것을 주워 먹었습니다. 칠면조가 다시 온몸을 흔들자 아주 큰 다양한 옥수수가 깃털에서 떨어져 나왔습니다. 세 번째 흔들자 노란 옥수수가, 그리고 네 번째 흔들자 하얀 옥수수가 떨어져 나왔습니다.

곰이 건너오자 칠면조가 말했습니다. "저기 있는 내 형제자매에게 먹이를 주고 있어." "넌 몸을 네 번 흔들어서 음식이 몸에서 나오게 할 수 있지만 난 머리에서 발까지 모든 종류의 음식을 지니고 있지." 곰이 말했습니다.

곰이 몸을 흔들자 털에서 향나무 열매가 떨어졌습니다. 다시 흔들자 먹음직한 선인장이 떨어졌습니다. 다음에는 도토리, 또 다른 선인장, 갬블 참나무 열매, 푸른 참나무 열매, 소나무 열매, 옻나무, 철쭉

---

5) 아리조나주 화이트 마운틴에 거주하며 우리들이 흔히 부르는 아파치(Apache)는 적대 관계였던 주니(Zuni)족 언어로 적(enemy) 또는 독사란 뜻이다.

열매, 야생 오디, 기둥선인장 열매 등등이 떨어져 나왔습니다.

칠면조는 남매에게 말했습니다. "난 너희를 위해 네 종류의 옥수수 씨앗을 가지고 왔다. 이곳은 그것들을 재배하기 좋은 땅이다." 남매는 막대기를 잘라서 그것으로 땅에 구멍을 팠습니다. 구멍에 모든 씨앗을 심었습니다. 다음 날 옥수수는 이미 자라나서 키가 약 45센티나 되었습니다. "우린 호박씨도 여기 갖고 있어요."라고 소녀는 말했습니다. 그리고 그 씨앗들도 심었습니다.

남매는 칠면조에게 더 많은 씨앗을 청했습니다. "옥수수가 잘 자라고 있어요. 그래서 다른 밭을 일궈 거기에다 더 많은 옥수수를 심고 싶어요."라고 남매는 말했습니다. 칠면조는 씨앗을 갖다 주었고, 남매는 칠면조에게 첫번째 밭을 돌보도록 하고는 다른 밭을 일구기 시작했습니다.

남매가 집에 돌아왔을 때, 칠면조가 옥수수 밭에서 고함치는 소리가 들렸습니다. 소리 나는 곳으로 달려간 남매는 칠면조가 한 쪽 날개를 땅을 따라 질질 끌며 그들을 향해 다가오는 것을 보았습니다. 칠면조 맞은편에는 뱀들이 있었는데, 칠면조는 뱀들을 유인하여 쫓아낸 다음 남매를 보호하기 위해 날개가 부러진 척 했습니다. 가지에는 어린 호박이 달렸고, 옥수수에는 이삭과 수염이 자라났다. 수염에는 꽃가루가 있어서 뱀들은 옥수수가지에 붙은 꽃가루를 모으러 왔습니다. 칠면조는 남매에게 뱀들이 일을 마칠 때까지 나흘만 옥수수 밭에서 떨어져 있으라고 말했습니다. 나흘이 지나자 옥수수가 익었습니다. 칠면조가 말했습니다. "지금이야말로 나흘만에 옥수수 싹이 날 유일한

때야. 그 다음부터 시간이 꽤 걸릴 거야." 실제로 그랬습니다.

이제까지 옥수수를 세 번 재배한 남매는 씨앗을 다른 사람에게 나주어 주었습니다. 그때 교활한 코요테가 찾아와서는 씨앗을 조금 달라고 청했습니다.

"네가 심은 옥수수는 잘 자라 이삭이 나고 있어." 코요테는 말했습니다. "나 혼자서 재배할 씨앗을 좀 얻고 싶어."

코요테가 자신의 옥수수를 재배할 생각이었다면 열심히 일할 생각을 했어야 했습니다. 그렇지만 그것은 그의 계획이 아니었습니다. "이 사람들은 자신의 옥수수를 여기에 심어 다 자라면 요리해 먹겠지. 나? 난 그렇게 하지 않을 거야. 먼저 옥수수를 요리해서 먹은 뒤에 심을 거야. 그렇게 하면 옥수수가 익은 후에 요리할 필요가 없잖아." 바로 이점이 코요테가 저지른 큰 실수였습니다. 옥수수를 요리해서 조금 먹은 후 그는 나머지 부스러기를 심었습니다. 그는 이것을 보고 매우 흡족했습니다. "자, 혼자서 잘했지. 사람들은 옥수수를 재배한 후에 요리해 먹지만, 내 옥수수는 다 요리된 채 나올 거야." 그는 말했습니다.

옥수수를 다 심은 후에 코요테는 사람들과 함께 도토리를 주우러 떠났습니다. 그러나 돌아왔을 때, 밭에는 아무 것도 자라지 않았습니다. 그는 화가 나서 말했습니다. "내게 준 옥수수 씨앗에서 심장을 빼앗아 갔더군요." "아뇨, 그런 적 없답니다. 그게 아니라 당신이 옥수수를 심기 전에 심장을 요리했잖아요"라고 사람들은 말했습니다.

코요테는 더 많은 옥수수를 요청하고는 이번에는 당장 가서 심었습니다. 그렇게 해서 그의 옥수수는 자랐습니다. 씨앗을 심은 다음날 옥수수는 45센티 자랐고 코요테는 기분이 좋았습니다.

먼저 옥수수를 심은 사람들은 지금 추수를 하며 옥수수 다발을 묶었습니다. 이 모습을 보던 코요테는 조금 달라고 부탁했습니다. 항상 옥수수를 요청하는 코요테를 보고 사람들은 화를 냈습니다. "전 단지 자식들에게 먹일 녹색의 옥수수 이삭 몇 개면됩니다." 코요테는 말했습니다. "제 옥수수가 익으면 돌려드리겠습니다."

나머지 사람들은 자신들의 옥수수를 집어서 껍질을 벗겼지만, 호박은 아직 밭에서 자라고 있습니다. 코요테는 사람들의 호박을 훔쳤고, 사람들도 모두 천막으로 돌아갔습니다. 사람들은 자신들의 호박을 훔친 자가 바로 코요테인지 알고 싶었습니다. 코요테는 화난 척했습니다. "당신들은 뭐든지 훔쳤다고 나를 늘 비난하는군요. 저기에는 많은 천막들이 있는데, 왜 비난하기 위해 내 천막만 찾아오는 거죠?" 그러나 사람들은 코요테가 도둑질하는 방법을 알고 있었다.

"이제부터는 우리 근처에서 농사를 짓지 말고, 멀리 떠나 다른 곳에 가서 살아!" 사람들은 말했습니다.

"좋소. 옥수수를 되갚아야 할 사람이 몇 명 있기는 하지만 나를 이런 식으로 대접한다면 이제는 갚지 않아도 되겠군." 코요테가 말했습니다. 그래서 코요테 가족은 가난하게 살았고, 먹기 전에 어떤 것도 절대로 요리하지 않았습니다.

올빼미 남편 (파사마쿼디)[6]

한 부부가 강 옆에 있는 마을 어귀에 살았습니다. 그들에게는 많은 청년들이 청혼하는 아름다운 딸이 있었습니다. 그러나 딸은 오만해서 어떤 구혼자도 맘에 들어하지 않았습니다. 오만한 딸과 퇴짜 맞은 구혼자들 분노 사이에 놓인 아버지는 '침을 뱉어 난로 불 석탄을 활활 타오르게 하는 자에게 딸을 주겠다'라고 약속하면서 이들을 진정시키고자 했습니다. 당연히 침뱉기란 불을 피운다기 보다는 불을 꺼트리는 행위에 가깝기 쉽기 때문에, 청년들 중에 성공하는 사람은 아무도 없었습니다.

마을에는 마법의 능력이 있다고 여겨지는 노파가 살았습니다. 이런 의혹은 확실한 근거에서 생겨났습니다. 실재로 노파는 변장한 올빼미고, 노파의 조카는 큰뿔올빼미로 약삭빠르고 못된 새 부족 전체를 다스렸습니다. 오만한 소녀를 아내로 맞이하고 싶은 그는 잘생긴 젊은 사냥꾼으로 변장하고는 도움을 청하러 고모에게 갔습니다. "여기 있다."라고 노파는 말하면서 마시는 마법의 약을 주었다. "이것이 노인의 조건을 충족시키도록 해줄게다."

잘생긴 젊은 사냥꾼은 즉시 소녀가 사는 천막집으로 갔다. 그녀의 아버지는 부족의 장로들을 대접하고 있었고 그 중에는 마을 추장도

---

6) 미국북부의 파사마쿼디만(Passamaquoddy Bay)에 거주하던 인디안 부족.

있었습니다.

"노인장"하고 변장한 올빼미는 말했습니다. "이 뜨거운 재에 침을 뱉어서 난로 불이 타오르도록 한다면 따님을 제게 주실 수 있습니까?"

"물론이지, 젊은이."라고 아버지는 말했습니다. "그럴 수만 있다면, 진실로 내 딸을 갖도록 허락함세." 이 구혼자가 타오르는 석탄 위에 침을 뱉자, 바로 강력한 불꽃이 일어나 천막 천장에 닿더니 연기 구멍을 통해 빠져나가, 하늘 높이 치솟아 올랐습니다.

장로와 추장 앞에서 아버지가 한 약속을 딸이 저버릴 수 없게 되자, 사냥꾼은 딸의 손은 붙잡고 자신의 천막으로 데리고 갔습니다.

거기서 올빼미 남편은 그녀에게 부드러운 곰가죽 옷을 펼쳐서 젊은 신랑이 사랑하는 아내를 위해 해야 할 모든 일을 했습니다. 결혼한 부인으로 첫 날 밤을 지낸 후 깨어난 소녀는 자고 있는 남편을 가만히 쳐다보고는 무시무시한 무언가를 발견했습니다. 귀는 긴 숱이 많은 뒷머리에 불쑥 튀어나와 있고, 노란 눈은 자면서도 반쯤 뜨여있는데, 동공이 모여 간간히 실눈이 되었습니다. 이 잘생긴 젊은 사냥꾼이 무시무시한 큰뿔올빼미라는 것을 안 소녀는 두려움으로 멍하니 한참을 앉아있었습니다.

남편의 고모가 들어와 소녀를 가볍게 밀자 마법은 풀렸습니다. "왜 그러니?"라며 고모가 물었습니다. "물끄러미 얘를 쳐다보면서 왜 거기에 그렇게 앉아있니?" 그러자 소녀는 귀청이 찢어질 듯한 비명을 지르며 도망쳤습니다.

온 마을 사람들은 젊은 아가씨에게 일어난 놀라운 속임수에 대해 위로를 했습니다. 사람들은 모두 이제 그가 누군지 알기 때문에 위대하고 존경스러운 올빼미는 이웃마을을 떠났습니다. 그러나 그녀를 두 번 속여서라도 큰뿔올빼미는 아름다운 아내를 여전히 되찾고 싶었습니다.

올빼미 추장은 마을사람들이 무서워하지도 의심하지도 않길 얼마간 기다렸습니다. 그런 다음 그는 한 번 더 젊고 잘생긴 하지만 외관상 이전의 변장과는 아주 다른 젊은이로 변했습니다. 그는 무스와 엘크를 죽여 그 고기를 마을까지 끌고 가서 사람들에게 자신을 밝혔습니다. "전 근처 이웃 천막에서 온 친구입니다. 저 역시 당신 부족의 일원으로 같은 말을 쓰고 있습니다. 그러니 저도 여러분과 함께 살고 싶습니다. 전 훌륭한 사냥꾼이고 관대한 사람입니다. 천막도 쳤고 음식도 많으니 저의 집으로 와서 잔치를 벌입시다."

처음에 오만한 딸과 아버지는 의심스러워 그의 초대에 응하지 않으려 했습니다. 그러나 마을 사람 모두 이렇게 말했습니다. "왜지? 착해 보이던데. 가지 않으면 결례지." 그래서 다함께 그의 집으로 갔습니다.

마을 사람들이 잔치를 벌이는 동안 새 이웃이 말했습니다. "옛날 이야기나 말하기로 하죠. 이상하거나 진기한 또는 재미있는 이야기 갖고 있는 사람 있나요?" 오만한 소녀 차례가 되자, 주인을 똑바로 쳐다보며 소녀는 말했습니다. "작은 소리로 제 얘기를 들려드리죠. 그러니 듣기 위해 머리카락을 뒤로 넘겨 두 귀를 보여줘야 합니다." 손님들은 웃으며 시키는 대로 했지만 주인만은 그렇게 하지 않았습니다. "전 귀가 밝습니다. 멀리서 속삭이는 소리도 알아들을 수 있답니다. 그러니 귀를 드러낼 필요가 없죠."라고 그는 말했습니다.

하지만 모든 사람들이 웃으며 소리쳤습니다. "보여줘! 보여줘!"

"제가 주인입니다."라고 그는 대답했습니다. "무례하고 예의가 없군요, 그만 떠드세요."

사람들은 심지어 더 크게 외쳤습니다. "보여줘! 보여줘!"

이 광경을 보며 주인은 화가 나서 소리쳤습니다. "좋아 자, 보시오!"

머리카락을 뒤로 넘기며 뿔처럼 쫑긋 서있는 두 귀를 보여줬습니다. 공포에 질린 소리를 지르며 손님들은 천막 밖으로 달려나갔습니다.

큰뿔올빼미 만큼 고모도 화가 났습니다. "너의 어린 아내는 너무 약삭빠르구나."라고 고모가 조카에게 말했습니다. "그녀를 따돌릴 좋은 수를 짜내야겠어." 대단한 마법을 지닌 고모는 소녀를 피리 부는 남자의 품안으로 꼬드길 마법의 피리를 만들었습니다. "조카야 이 피리를 갖고 가렴. 안 오고는 못 배길 거다."라고 고모는 말했습니다.

사람으로 다시 변장한 큰뿔올빼미는 고모의 계략을 실행하려 했습니다. 그러나 오만한 딸과 그녀의 부모는 수시로 경계하기 위해 천막을 마을 한가운데에 세웠고, 결코 마을에서 멀리 벗어나지 않았습니다. 몇 주를 기다리며 때가 오길 기다렸지만 여전히 큰뿔올빼미는 아내 근처에도 갈 수 없었습니다.

드디어 어느 날 오만한 소녀는 혼자 중얼거렸습니다. "큰뿔올빼미가 나를 잊은 지도 꽤 됐어. 이젠 포기했겠지. 무서워서 여전히 꼼짝 못하겠어. 예전처럼 외출해서 숲을 걸어 다녀도 되려나."

기분이 썩 좋지 않은 채 큰뿔올빼미는 커다란 나무장대 높이 앉아 있었습니다. "시간 낭비야. 아내는 내가 너무 무서워 마을 안에서만 지내잖아. 절망이야! 그녀를 생각하지 말아야겠어."라고 그는 생각했습니다. 그리곤 골똘히 생각에 빠져있는데 누군가 숲을 가로질러 다가오는 것이 보였습니다. 비록 믿기지는 않았지만, 예리한 올빼미의 눈으로 금새 그녀를 알아보았습니다. 심장이 빠르게 뛰기 시작했습니다.

오만한 소녀는 곧장 큰 나무 아래로 왔습니다. 남편이 있다는 것도 모른 채 그녀는 앉아서 혼잣말을 했습니다. "겁 없이 다시 숲으로 나오니 정말 좋네. 정말 즐겁네?" 그때 달콤한 소리가 들리더니 곧 신기하고 매력적인 황홀한 멋진 노랫소리가 되었습니다. 소녀는 피리소리에 넋을 빼앗겼습니다. "멋진 음악소리를 만드는 연주자를 거부할 수는 없지." 그녀는 생각했습니다.

곧바로 큰뿔올빼미는 그녀를 부드럽게 덮쳐서 발톱으로 가볍게 쥐고는 올빼미 마을로 그녀를 데려왔습니다. 거기서 그들은 부부로 살았고, 오만한 소녀도 마침내 큰뿔올빼미와의 결혼생활에 익숙해졌습니다. 남편이 누구든지 간에 여자는 남편에게 익숙해진답니다.

코요테와 오리 (유트)[7]

코요테는 딸이 아프자 당황했습니다. 코요테는 오리가 자신의 자식들을 아프게 뭔 짓을 했다고 여겼습니다. 그래서 그는 오리에게 해를 끼치기로 결심했습니다. 그는 그러다가 오리를 만나자 눈을 감은 채 어느 지점까지 달려가라고 명령했습니다. 오리는 그렇게 했고 눈을 다시 뜨자, 큰 바위 구멍 벼랑 높은 곳에 있는 조그만 동굴 속이었습니다. 오리에게 출구는 보이지 않았습니다.

코요테는 오리의 아내와 자식까지 데려와 심하게 다루었습니다. 때마침 코요테는 오리 아내에게서 더 많은 자식을 얻었고 이들을 잘 돌보았습니다.

계속되는 실패에도 불구하고 오리는 끊임없이 동굴을 빠져나가려 애썼습니다. 때마침 박쥐가 근처에 살고 있었고 매일 토끼 사냥을 나갈 때 박쥐 새끼들은 누군가 외치는 소리를 들을 수 있었습니다. 새끼들이 박쥐에게 그 말을 하자, 박쥐가 위로 날아와 보았습니다. 가는 도중에 토끼를 잡아 허리에 매달았습니다. 드디어 박쥐는 부족한 식량으로 아주 약해진 오리를 발견했습니다.

"거기 누구 있소?"라고 박쥐가 물었습니다. "난 오리요." 박쥐가 "여기까지 어떻게 올라왔소?"라고 물었습니다. 오리는 "코요테가 눈

---

7) 유트족(Ute)은 콜로라도, 유타, 뉴멕시코 북부지역에 이르는 광범위한 지역에 살았던 아메리카 인디언이다.

을 감겨 길을 잃게 했소. 아내를 훔치기 위해 나를 없애려했소."라고 말했습니다. 그리고 나서 박쥐가 말했습니다. "뛰어내리게." 오리는 시도하길 주저했습니다. 그러자 박쥐는 그에게 말했습니다. "작은 돌을 던져보게." 이번엔 시키는대로 했고 박쥐는 돌을 등으로 잡았습니다. "이렇게 내가 너를 잡을 거다. 다치지 않을 거야."라고 박쥐는 말했습니다.

오리는 박쥐가 잡아주지 않을까봐 여전히 겁이 났습니다. 박쥐는 계속 오리에게 뛰어내리라고 재촉했습니다. 여러 번 오리도 거의 뛰어내리려 했지만 도로 뒷걸음질치고 말았습니다. 하다못해 그는 생각했습니다. "내가 죽는다고 가정해보자. 어쨌든 난 여기서 죽겠지. 지금도 난 죽은 거나 마찬가지야."

오리는 눈을 감고 박쥐가 명령에 따라 뛰어내렸습니다. 박쥐는 오리를 부드럽게 잡고는 땅에 안전하게 내려놓았습니다. 그리고 나서 박쥐는 오리를 집으로 데려가며 말했습니다. "벽난로 근처에 있는 불쏘시개는 쓰지 말게. 하지만 텐트 가장자리에 있는 기둥들 뒤에 끼워둔 부지깽이는 사용해도 좋아."

이윽고 오리는 들어와서 천막 가장자리에 있는 막대기를 보았습니다. 하지만 그 막대기들은 훌륭한 지팡이여서, 불을 젓기에는 너무 멋진 것이었습니다. 끝이 까맣게 탄 막대기들이 주변에 널려 있었습니다. 그 막대기 중 하나를 짚고 붉은 장작을 휘저었습니다. 아이고, 막대기가 얼마나 소릴 질러대던지. 다른 막대기도 일제히 소리쳤습니다. "오리가 우리 어린 남동생을 태웠다."

이 막대기들은 박쥐의 자식들이었고 모두 도망쳤습니다. 오리는 자신이 한 일을 보고 깜짝 놀라서 밖으로 나와 덤불 속에 숨었습니다. 박쥐가 와서 불렀습니다. "돌아와! 아무도 다치지 않았어."

오래 동안 오리는 박쥐가 자신을 벌줄까봐 두려웠습니다. 그리고 생각했습니다. "난 항상 죽어 있는 거와 같아. 그러니 설사 나를 죽인다 한들 더 이상 두려울 게 없어." 오리는 천막으로 돌아왔습니다. 그러나 박쥐는 그를 해치지 않았고 양껏 토끼고기를 주며 먹으라고 했습니다. 곧 오리는 다시 건강해졌습니다.

오리가 박쥐에게 말했습니다. "코요테가 아내와 자식을 데려갔어. 내가 가서 데려와야 해." 오리가 충분히 건강해지자, 박쥐는 가라고 용기를 북돋아주었습니다. 오리는 자신의 낡은 천막으로 갔지만 다 허물어져 있었습니다. 거기서부터 난 발자국을 따라갔고 오리는 얼마 후 자식들 것과는 다른 발자국을 발견했습니다.

"코요테가 애들을 엄마에게서 떼어놓았군." 이런 생각이 들자 오리는 화가 났습니다. 코요테는 오리 아내와 함께 다녔고 그녀는 큰 바구니를 가지고 다녔습니다. 바구니 안에는 코요테 자식들이 잘 자라고 있었습니다. 그러나 오리 자식들은 바구니 바깥 가장자리에 앉아 있었습니다. 거의 떨어질랑말랑. 오리 새끼들은 더럽고 비참해 보였습니다.

오리는 손가락 하나로 바구니를 잡아 당겼습니다. "애들아, 뭐하니?"라고 부인이 말했습니다. "그러지마, 뭐든지 꽉 잡지 않으면 엄마를 놓쳐." 오리는 계속 바구니를 잡아당겼다. 이윽고 아이들을 쳐다보기 위해 뒤돌아 보니 오리가 있었습니다. 오리는 부인에게 말했습니다. "우리 애들은 더럽고 돌보지 않아 비참해 보이는군. 왜 코요테 자식만 돌보지? 왜 내 자식들은 제대로 보살피지 않지?"

부인은 부끄러워 대답하지 못했습니다. 그러자 오리가 물었습니다. "넌 어디서 지낼 거니?" 부인이 대답하려하자 오리가 말했습니다. "당신은 코요테가 지내라고 하는 곳으로 가. 그러나 오두막을 다 지으면 한쪽에는 풀을 얇게 깔고, 다른 쪽에는 아주 두껍게 풀을 깔아. 그러면 내가 코요테를 잡을 수 있어."

부인이 야영지에 도착했고, 코요테는 물었다. "당신 지금 누구하고 말했어?" 그녀는 대답했습니다. "아무도 안만났고, 말도 하지 않았는데요. 왜 항상 그런 걸 물어요?" 그리고 나서 오리가 지시한대로 부인은 오두막을 세웠습니다. 곧 오리는 바람을 불었다. 부드럽게 바람을 불었지만 계속 불고, 불고, 불고, 불어 살을 에는 듯한 차가운 바람이 나올 때까지 바람을 불었습니다.

코요테는 잘 수가 없었습니다. 오두막 가장자리를 둘러가며 창을 찔렀고 오리도 거의 창에 찔릴 뻔했다. 코요테는 아내에게 말했습니다. "난 당신이 누군가를 만났다는 걸 알고 있어. 오리겠지. 그자가 이렇게 춥게 만들고 있지." 오리는 계속 바람을 불고 또 불고 있었습니다. 마침내 코요테는 난로 재 속에 자신을 숨기며 따뜻해지길 바랐습니다. 그러나 소용없었습니다. 코요테는 아침이 오기 전에 얼어 죽었습니다.

오리는 코요테 자식들이 원하면 모두 풀어주었습니다. 그리고 아내와 자식들을 자신의 낡은 집으로 데려갔고, 거기서 모든 혼란이 시작될 때까지 살았습니다.

얼룩 독수리와 까만 까마귀 (화이트 리버 수우)[8]

옛날옛날 두 명의 용감한 전사가 살았습니다. 한 명은 완블리 글레 시카(Wanblee Gleshka) 얼룩 독수리고, 또 다른 한명은 칸기 사파 (Kangi Sapa) 까만 까마귀였습니다. 이 둘은 친구지만 우연히 진트 칼라 루타(Zintkala Luta) 빨간새라는 소녀를 동시에 사랑했습니다. 소녀는 예쁘고 살갗도 곱게 그을렸고 깃장식도 아주 잘 어울렸습니다. 그녀는 얼룩 독수리를 가장 좋아해서 까만 까마귀를 불행하게 했고 질투를 일으키게 했습니다.

까만 까마귀는 친구에게 가서 말했다. "파하니(Pahani)와의 전투 에 함께 가자. 멋진 말과 독수리 깃털을 얻게 될거야."

"좋아."라고 얼룩 독수리는 말했고, 두 젊은이는 땀으로 스스로를 정화시켰습니다. 약과 방패를 만들고 얼굴에 색칠을 했고, 공격전 전 사들이 해야 할 모든 일을 했습니다. 그리고 나서 파하니와 싸우러 말을 타고 나갔습니다.

공격이 잘 진행되지 않았습니다. 파하니 족이 방심하지 않는 바람 에 젊은 전사들은 무리 근처에도 갈 수 없었습니다. 작은 말을 잡을 수도 없었고, 적의 무리 속으로 잠입하는 동안 심지어 언덕을 잃어버

---

8) 백인들이 프랑스말로 '무자비한 살인자'라는 뜻인 '수우'(Sioux)를 붙여 '수 우'족이라고 불렀지만, 지금의 미국 미주리강 지역에 살던 이들 종족의 진짜 이름은 '라코타'족이었다.

리고 말았다. 얼룩 독수리와 까만 까마귀를 파하니족이 도처를 돌아다 니며 찾았기 때문에 그들은 걸어서 도망 다니는 힘든 시간을 보냈습니다. 한번은 동시에 두 사람이 호수 물 속으로 숨는 바람에 물 밖으로 쑥 나온 길고 속이 빈 갈대로 숨을 쉬어야만 했습니다. 적어도 두 사람은 숨는 재주가 뛰어나 파하니족도 이 추적을 포기했습니다.

걸어서 집으로 돌아가기엔 길이 너무 멀었습니다. 두 사람의 모카신은 너덜너덜해져 발에서 피가 났다. 드디어 높은 낭떠러지에 이르렀습니다. "저길 같이 올라 적들이 우릴 추적하는지 알아보자."라고 까만 까마귀가 말했다. 기어오르며 주변을 둘러보고 아무도 뒤따라오지 않는다는 것을 알았습니다. 그러나 발아래 멀리 절벽돌기에 두 마리 새끼 독수리가 있는 둥지를 발견하고는, "어떻게 해서든지 저 독수리를 갖고 오자."라고 까만 까마귀가 말했다. 가파른 절벽을 내려갈 수 없었지만 까만 까마귀는 가죽 밧줄을 가져와 손잡이 고리를 만들고 얼룩 독수리 가슴을 그 밧줄로 묶어 내려보냈습니다.

얼룩 독수리가 둥지 가장자리에 있을 때, 까만 까마귀는 혼잣말을 했습니다. "저기서 죽게 놔둘 거야. 집에 혼자 돌아가 빨간 새와 결혼해야지." 까만 까마귀는 밧줄을 던지고 돌아보지도 않고, 얼룩 독수리의 고함소리도 무시하고 가버렸습니다.

드디어 친구가 배신했다는 것, 자신이 죽게 내버려졌다는 사실을 얼룩 독수리는 깨달았습니다. 밧줄이 너무 짧아 두 새끼 독수리를 갖고 땅으로 내려갈 수 없었다. 새들은 자신의 집을 침입한 두발 달린 이방인에게 화가 나서 꺅꺅대며 울었습니다.

까만 까마귀는 마을로 돌아와서 "얼룩 독수리는 장렬하게 죽었다. 파하니 족이 그를 죽였다."라고 사람들에게 전했습니다. 마을 전체 큰 곡소리가 났는데 이는 모든 사람이 얼룩 독수리를 좋아했기 때문이었습니다. 빨간 새는 예리한 칼로 양팔을 베고 머리를 잘라 자신의 슬픔을 모든 사람에게 똑똑히 보여줬다. 그러나 결국 삶은 지속되어야 하기 때문에 빨간 새는 까만 까마귀의 아내가 되었다.

한편 얼룩 독수리는 외로운 절벽돌기에서 죽지 않았습니다. 새끼 독수리들도 그에게 익숙해졌고 나이든 독수리는 토끼, 프레리 독, 세이지 헨 등등의 많은 양식을 가져왔습니다. 아마 독수리들이 그를 받아들인 것은 가슴에 지니고 다니는 주머니 속 독수리 약 때문이었을 겁니다. 계속 얼룩 독수리가 절벽 돌기에서 살기란 아주 힘들었습니다. 그곳은 너무 좁아서 자다가 떨어지지 않게 절벽에 튀어나온 작은 바위에 자신을 묶어야만 했습니다. 이렇게 불편을 감수하면서 몇 주일을 보냈습니다. 어쨌거나 그는 인간이지 바위 틈새가 집인 새는 아니었습니다.

드디어 새끼 독수리들이 나는 연습을 할 정도로 커졌습니다. "난 이제 어떻게 될까?"라고 젊은이는 생각했다. "애송이 새들이 둥지에서 날아가 버리면, 나이든 새들이 더 이상 먹을 것을 갖다 주지 않을 텐데." 그때 좋은 생각이 떠오른 얼룩독수리는 스스로에게 말했습니다. "아마 난 죽을 테지. 십중팔구는 죽을 거야. 그렇지만 여기 앉아서 포기할 수만은 없지."

얼룩 독수리는 약 주머니에서 작은 담뱃대를 꺼내 하늘을 향해 들어울려 기도했습니다. "와칸 탄카, 온쉬마라 예(Wakan Tanka, onshimala ye) 신이시여, 저를 굽어살피소서. 당신이 인간과 인간의 형제 독수리를 창조하셨나이다. 당신은 제게 독수리라는 이름을 주셨나이다. 이제 독수리들이 저를 땅으로 데려가도록 하렵니다. 독수리들이 저를 도와 성공하게 해주소서."

얼룩 독수리는 담배를 피웠고 확신이 밀려오는 것을 느꼈습니다. 그리고 나서 두 새끼 독수리의 다리를 움켜잡고는, "형제여, 나를 너의 형제로 받아들였으니 이제 우린 함께 살거나 함께 죽을 것이다. 호카헤이(Hoka-hey)!"라고 말하고는 벼랑 돌기에서 뛰어내렸습니다.

얼룩 독수리는 저 아래 땅에서 산산조각 날 것이라고 여겼지만 두 새끼 독수리의 힘찬 날갯짓으로 추락하지 않았고 셋은 안전하게 착륙했습니다. 얼룩 독수리는 앞서 말한 신에게 감사의 기도를 올렸습니다. 그리고 나서 독수리에게도 고마움을 표하고 언젠가 선물을 갖고 와서 존경의 답례를 하겠다고 말했습니다.

얼룩 독수리는 마을로 돌아왔습니다. 온 마을이 흥분으로 들썩였습니다. 죽었던 자가 다시 살아났으니. 모든 사람들이 어떻게 죽지 않을 수 있었는지 물었지만 얼룩독수리는 진실을 말하지 않고 단지 "탈출했어요, 그게 다예요."라고만 말했습니다. 애인이 배신자 친구와 결혼했다는 것도 알았지만 조용히 참았습니다. 얼룩독수리는 부족들에게 싸움과 반목을 야기해 가족끼리 대립하게 할 자가 아니었습니다. 게다가 이미 일어난 일을 되돌릴 수도 없고. 그래서 자신의 운명을 받아들였습니다.

일 년 정도 후에 수많은 파하니의 전사들이 마을을 침략했습니다. 적은 수(Sioux)족보다 10배나 수적으로 우세했다. 얼룩 독수리 무리가 승리할 승산은 없었습니다. 전사들이 할 수 있는 일이란 노인, 여자, 아이들이 강을 건너 도망갈 시간을 얻을 수 있게 천천히 지연작전으로 싸우는 것뿐이었습니다. 이렇게 부족을 보호하면서 소수의 수족들은 용감하게 싸웠고, 계속 적에게 돌진해서, 파하니 족이 싸움을 멈춰 전열을 재정비하게 했습니다. 매번 수족이 조금씩 후퇴했고 언덕이나 협곡을 가로지르며 새롭게 전세를 가다듬었습니다. 이렇게함으로써 수족은 가족들의 목숨을 구할 수 있었습니다.

얼룩 독수리와 까만 까마귀가 가장 용맹스러웠고 대범하게 자신을 노출시켰습니다. 마지막에는 두 사람만이 적을 대적하게 되었습니다. 그때 갑자기 까만 까마귀 말이 여러 개의 화살에 맞아 쓰러졌습니다. "형제여 내가 저지른 일을 용서하게. 자네 뒤에 말에 올라타게 해주게."라고 그는 얼룩 독수리에게 소리쳤습니다.

얼룩 독수리는 대답했습니다. "자넨 여우족이어서 장식 견장을 착용한 거지. 자네가 끝까지 싸우겠다는 징표로 견장을 내걸게. 그리고 나서 살아남으면 내가 용서함세. 만약 죽더라도 내가 자넬 용서함세."

까만 까마귀가 대답했습니다. "난 여우족이네. 견장을 주지. 난 여기서 이기거나 죽겠지." 그는 죽음의 노래를 불렀습니다. 그는 용감하게 싸웠습니다. 그를 집어서 말에 태워주며 구해줄 사람을 아무도 없었습니다. 창과 화살에 맞으며 그는 전사다운 죽음을 맞이했습니다. 많은 파하니 족도 그와 함께 죽었습니다.

얼룩 독수리는 까만 까마귀의 마지막 싸움을 지켜 본 유일한 사람이었습니다. 드디어 그는 부족 사람들과 합류해서 강을 무사히 건넜습니다. 파히니족은 더 이상 그들을 따라오지 않았습니다. "네 남편은 죽길 잘했다."라고 얼룩 독수리는 빨간 새에게 말했습니다.

얼마간의 시간이 지난 후에, 얼룩 독수리는 빨간 새와 결혼했습니다. 그리고 아주 아주 많은 시간이 흐른 뒤에, 얼룩 독수리는 부모님께 이야기를 들려주었습니다. 그 밖의 어떤 사람도 까만 까마귀가 어떻게 얼룩 독수리를 배신했는지 알지 못했습니다. "이젠 그를 용서했어요."라고 얼룩 독수리는 말했습니다. "오래 전 한때는 내 친구였고, 전사처럼 부족을 위해 싸우면서 죽었으며, 그리고 또한 빨간 새와 내가 지금 행복하기 때문입니다."

기나긴 겨울이 지난 후 얼룩 독수리는 봄이 다시 찾아올 때 아내에게 말했습니다. "약속을 이행하기 위해 며칠 집을 떠나있어야겠어. 그리고 나 혼자만 가야해." 그는 혼자 말을 타고 절벽을 향해 가서 아래 독수리 둥지가 있었던 절벽 돌기 끝에 섰습니다. 신성한 담뱃대로 네 방향을 가리키고 난 후에 아래를 향해 할머니 대지신과, 위를 향해 할아버지신을 가리킨 후 연기를 하늘로 피어오르게 하고 크게 외쳤습니다. "완블리(Wanblee), 미순칼라(Mishunkala), 작은 독수리 형제여 내 말을 들으시오."

구름 너머 높이 두 개의 검은 점이 나타나서 선회했습니다. 이것들은 그의 목숨을 구해줬던 독수리였습니다. 얼룩 독수리의 소리를 듣고 그들이 왔습니다. 독수리들은 급강하하면서 기쁨과 인사의 소리를 날카롭게 지르며 그의 발밑에 내려앉았습니다. 깃털을 부채처럼 펴서 탁 탁 치며 여러 번 감사를 표했고 맛있는 버펄로 고기를 먹였습니다. 우정의 징표로 얼룩 독수리는 독수리의 발에 작은 약 주머니를 단단히 묶었고, 절벽 끝에 담배를 신성한 제물로 뿌렸습니다. 그렇게 그는 와나블리 오야테(Wanablee oyate) 즉 독수리국가와 그 자신의 부족간에 친구와 형제의 조약을 맺게 했습니다. 나중에 그 당당한 새들은 다시 하늘로 솟아올라 가만히 원을 그리더니 바람이 그들을 데려가 구름 속으로 사라지도록 했습니다. 얼룩 독수리도 말머리를 돌려 집으로 향했고 아주 만족한 채 빨간 새에게로 돌아왔습니다.

갈까마귀와 할머니 (알레우트)[9]

큰 마을 변두리에 있는 바라바라(원주민 집)에 노파와 손자 갈까마귀가 살았습니다. 마을 사람들이 둘을 싫어해서 떨어져서 살았습니다. 사람들이 대구 낚시하러 왔을 때 갈까마귀는 가서 먹을 것을 구걸했지만 절대로 그들은 낚은 것을 주지 않았습니다. 그러나 모두 바다를 떠나면 다시 와서 먹다 남은 찌꺼기 심지어 썩은 생선을 주워 모았습니다. 이런 방법으로 갈까마귀와 할머니는 살아갔습니다.

어느 해 겨울은 몹시 추웠습니다. 사냥도 불가능했습니다. 식량이 너무 모자라서 마을사람들도 거의 굶어죽을 지경이었습니다. 그들의 추장도 거의 남아 있는 것이 없었습니다. 그래서 추장은 마을사람들을 한자리에 불러 모아 모두 먹기에 충분한 식량을 얻기 위해 모든 노력을 쏟아주길 촉구했습니다. 그렇지 않으면 그들을 굶어 죽을 것입니다.

그때 추장은 아들이 신부를 구하길 바라고 그 신부는 마을 소녀 중에서 간택될 것이라고 공표했습니다. 모든 소녀들이 이 흥분되는 행사에 부응하며 제일 멋진 의상과 보석으로 치장을 했습니다.

잠시 동안이지만 소녀들이 그 대회에 참가하기 위해 일렬로 서서 아들의 신부로 마을에서 가장 아름다운 소녀를 선택 할 추장의 날카

---

9) 알레우트(Aleut)는 알류산 열도, 알레스카 남서부 해안가에 거주하는 아메리카 인디언 부족이다. 알레우트는 문화적으로 그리고 언어학적으로 에스키모와 밀접한 연관이 있다.

로운 눈으로 심사를 받는 때는 굶주림을 잊어버렸다. 추장은 혼례식에 이어 축하연을 열었다. 그러나 곧이어 굶주림은 다시 시작되었다.

갈까마귀는 바라바라 밖에 있는 기둥에 앉았습니다. 일어났던 일들을 주의 깊게 관찰하며 귀담아 들었다. 잔치가 끝나자 집으로 날아온 갈까마귀는 할머니에게 말했습니다. "저도 결혼하고 싶어요." 할머니는 대답을 하지 않았습니다. 그러자 갈까마귀는 일을 시작했고 작은 집을 위해 식량을 모았습니다. 매일 바닷가로 날아가 죽은 생선이나 새를 찾았습니다. 늘 두 명을 위한 필요 이상의 식량을 모았습니다. 마을에 있는 동안 갈까마귀는 기근이 악화되었다는 것을 알았습니다. 그래서 추장에게 물었다. "음식을 가져오면 제게 무엇을 주시겠습니까?"

추장은 크게 놀라며 갈까마귀를 쳐다보며 말했습니다. "자네 아내로 내 큰딸을 주겠네." 어떤 것도 갈까마귀는 더 기쁘게 할 수 없었다. 그는 기쁨에 넘쳐 날아가 할머니에게 말했습니다. "바라바라를 청소하죠. 제 아내를 위해 모두 말끔하게 치워야 해요. 추장에게 식량을 주면 제게 큰딸을 주겠다고 약속했어요."

"아, 아, 이런! 네가 결혼할 거라구? 우리 바라바라는 너무 작고 너무 더러워. 네 아내를 어디서 지내게 할 건데?"

"까악, 까악, 까악, 걱정 마세요. 제가 말한 대로 해주세요."라고 갈가마귀는 할머니에게 깩깩거리며 서두르라고 보채기 시작했습니다.

다음 날 이른 아침 갈까마귀는 날아갔고 그날 늦게 발톱에 유켈라(말린 연어) 보따리를 갖고 돌아왔다. "할머니 저랑 같이 추장님 집으로 가요."라고 그는 할머니에게 소리쳤다. 갈까마귀는 생선을 추장에게 건네주고 아내로 추장의 큰딸을 받았습니다.

할머니가 신부를 작은 집으로 데려와서 갈까마귀는 앞질러 집으로 갔다. 그는 낡은 지푸라기와 짚으로 된 바라바라를 치웠다. 두 여인이 도착했을 때, 그 작은 집은 비어있었다. 할머니는 꾸짖으며 말했습니다. "뭐 하는 짓이냐? 왜 다 던져버렸냐?"

"보시다시피 제가 청소 했어요."라고 갈까마귀는 점잖게 말했습니다.

밤이 오자, 갈까마귀는 날개 하나를 쫘악 펴더니 아내보고 그 위에 누우라고 청했습니다. 그리고 나서 다른 날개로 그녀를 덮었다. 아내는 아주 끔찍한 밤을 보냈다. 갈까마귀의 생선 악취가 그녀를 거의 숨막히게 했습니다.

아침이 되자 아내는 머무르기로 결심했고 갈까마귀에 익숙해지려고 노력했습니다. 낮 동안 그녀는 생기도 없이 괴로워했습니다. 갈까마귀가 먹을 것을 줘도 먹을 수가 없었다. 두 번째 밤에 갈까마귀는 그녀보고 가슴에 머리를 대고 품안에서 자길 요청했습니다. 상당히 설득한 후에 아내는 그의 요청 응했습니다. 두 번째 밤도 더 나아지지 않아서 다음날 아침 그녀는 몰래 빠져나와 아버지 집으로 돌아가서 모든 것을 이야기했습니다.

눈을 뜨자마자 아내가 사라졌다는 것을 안 갈까마귀는 할머니는 아내의 행방에 대해 아는지 물었습니다. 할머니는 아무것도 모른다고 말했습니다. "할머니가 추장에게 가서 아내를 데려오세요."라고 갈까마귀는 말했습니다. 할머니는 그가 무서워 시키는 대로 했습니다. 할머니는 추장 집으로 갔고 문 밖으로 쫓겨났습니다. 할머니는 재빨리 이 사실을 손자에게 보고했습니다.

여름은 따뜻하고 즐겁게 지나갔지만 힘든 겨울과 또 다른 굶주림이 이어졌습니다. 이전 겨울처럼 할머니와 갈까마귀는 많은 식량과 나무를 갖고 있었지만 다른 사람들은 식량부족으로 매우 고통스러웠습니다. 갈까마귀는 다시 결혼하겠다는 생각이 들었습니다. 이번에는 마을 변두리에 사는 젊고 아름다운 여자였습니다. 할머니에게 그녀에 대해 그리고 그녀와 결혼하고 싶다고 말했습니다. 갈까마귀는 물었습니다. "할머니, 가서 그 여자를 여기 데려와 주실래요? 그러면 제가 그녀랑 결혼할께요."

"아, 아, 이런! 그 여자랑 결혼하겠다구? 첫 번째 아내도 냄새가 심하다고 너랑 살 수 없었잖니. 여자들은 너랑 결혼하지 않으려 해."

"까악! 까악! 까악! 냄새는 걱정하지 마세요, 냄새는 걱정하지 마세요, 가서 제가 말한 대로 하세요."

명령을 각인시키고 확실히 따라주길 바라며 갈까마귀는 할머니가 기꺼이 갈 때까지 재촉하기 시작했습니다. 할머니가 가자 갈까마귀는 불안하고 걱정스러웠습니다. 바라바라 주변과 흙무더기 근처를 뛰어다녔고, 눈에 힘을 주어 고대하던 신부의 모습을 보기 위해 눈에 힘을 주었습니다.

서둘러 바라바라를 청소하며, 낡은 지푸라기, 짚, 바구니 등등을 던졌다. 할머니는 돌아오자마자 갈까마귀를 꾸짖었지만 그는 그녀의 말에 신경도 쓰지 않았습니다.

이전의 아내처럼 이 젊은 신부도 날개로 꽉 껴안았습니다. 비슷하게 이 신부도 비참하고 불면의 밤을 지냈습니다. 하지만 그녀는 가능한 악취를 견디어 보리라 결심했습니다. 적어도 갈까마귀와 있으면 먹을 것은 많으리라 생각했습니다. 둘째 날 밤도 첫 날 밤만큼 나빴지만 신부는 계속 살았고 은밀히 봄이 올 때까지 최선은 다해 지내리라 결심했습니다.

셋째 날 신부가 여전히 자신과 함께 있는 것을 보고는 할머니에게 말했습니다. "할머니 내일은 제가 가서 큰 살찐 고래를 갖고 올게요. 제가 없는 동안 제 아내에게 벨트와 가죽 신발 한 벌 만들어 주세요."

"아, 아, 이런! 어떻게 크고 살찐 고래를 갖고 온단 말이냐? 낚시꾼도 한 마리 낚지 못하는데 네가 어떻게 할 수 있겠니?"

"까악! 까악! 까악! 조용히 제가 말한 것만 하세요. 가서 고래를 갖고 오는 동안 벨트와 신발을 만들어주세요."라고 갈까마귀는 화가 나서 소리쳤다. 이것은 할머니를 조용하게 하는 가장 효과적이 방법이 었습니다.

다음날 새벽이 오기 전에 갈까마귀는 바다로 날아갔습니다. 그가 없는 동안 할머니는 신부를 지켜보거나 말을 걸면서 그녀를 위한 물건들을 바쁘게 만들었습니다. 정오쯤 둘은 갈까마귀가 고래를 갖고 해안으로 날아오는 것을 보았습니다.

할머니는 불을 크게 지피고, 젊은 신부는 파카(parka 전통의상)를 걷어 올려 새벨트로 졸라매고 새신발을 신고, 돌칼을 간 후, 남편을 마중하러 바닷가로 갔다. 갈까마귀는 집 근처에 다가오자 소리쳤습니다. "할머니 마을에 가서 제가 크고 살찐 고래를 잡아왔다고 사람들에게 전하세요."

할머니는 가능한 빨리 달려서 이 기쁜 소식을 전했습니다. 반쯤 죽어가던 사람들이 갑자기 생기가 났습니다. 일부 사람들은 칼을 갈고, 일부 사람은 가장 좋은 옷을 입었습니다. 그러나 대부분의 사람들은 바닷가에 고래를 보기위해 예전처럼 그리고 갖고 있던 칼을 쥐고 달렸다.

갈까마귀에 대한 갑작스런 중요성은 사라지지 않았습니다. 사람들이 고래를 게걸스레 먹을 때 그는 고래 등을 오르내리며 전쟁터를 방불케 하는 수라장을 바라보았습니다.

가끔씩 갈까마귀는 가방에서 조약돌을 꺼냈다가 얼마 시간이 지나면 다시 집어넣었습니다. 추장 친척들이 다가왔을 때, 갈까마귀는 그들을 쫓아냈습니다. 그들은 사람들이 즐겁게 먹는 걸 지켜보다가 고래 지방을 떼서 자신들의 집으로 갖고 가는 것으로 만족해야만 했습니다. 나중에 마을에서 사람들은 추장과 나눠가졌습니다.

갈까마귀의 첫째 부인은 그의 아들인 새끼 갈까마귀가 있었습니다. 첫째 부인은 그 아이를 품에 안고 바닷가로 가서 그녀를 알아볼 수 있게 갈까마귀 앞으로 걸어갔습니다. "여기 네 아들이 있다. 자 봐라." 라고 그녀는 외쳤습니다. 하지만 갈까마귀는 그녀를 무시했습니다. 그녀는 여러 번 소리치며 계속 갈까마귀에게 아들을 보여주었습니다. 마침내 그가 말했습니다. "가까이 와라. 더 가까이." 하지만 그녀는 그 악취를 견딜 수 없어서 한마디 말도 하지 못한 채 그를 떠났습니다.

맛있는 음식 때문에 사람들은 죽었습니다. 많은 사람들이 그곳에서 너무 많은 지방을 먹어 즉사했습니다. 나머지 사람들은 많이 먹고 집에 가득 채워 밤에 모두 질식했습니다. 마을 전체에 오직 세 사람만 남았습니다. 갈까귀, 새아내, 할머니. 거기서 그들은 계속 살았고 그의 후손들도 오늘날까지 살고 있습니다.

나비 (파파고)[10]

어느 날 조물주는 쉬기 위해 앉아서 마을에서 놀고 있는 아이들을 지켜보았습니다. 아이들은 웃고 노래하고 있었지만, 아이들을 쳐다보는 조물주의 마음은 슬펐습니다. "저 아이들도 늙겠지. 피부도 쭈글쭈글해지고, 백발이 되고, 이도 다 빠지겠지. 젊은 사냥꾼의 팔도 나약해지겠지. 저 사랑스런 젊은 아가씨들도 추해지며 살이 불어갈 거야. 장난꾸러기 강아지도 지저분해지며 눈멀어 가겠지. 그리고 노랑, 파랑, 빨강, 보라 멋진 꽃들도 시들 거야. 나뭇잎들도 떨어져 시들어가겠지. 벌써 노랗게 변해가네."라고 생각하며 조물주는 점점 슬퍼졌습니다. 지금 가을인데, 곧 다가올 춥고 사냥감과 풀이 부족해질 겨울을 생각하니 마음이 더욱 무거워졌습니다.

그러나 지금은 여전히 따뜻하고 햇살도 밝게 빛나고 있습니다. 조물주는 땅위에 드리운 햇볕과 그림자를 지켜보았습니다. 노란 잎들도 바람에 이리저리 뒹굴고 있습니다. 조물주는 파란 하늘과 여인들이 갈아놓은 하얀 옥수수 가루를 보다가 갑자기 웃음을 터트렸습니다. "모든 색깔들을 보관해야겠어. 내 마음을 기쁘게 하고, 아이들이 보고 기뻐할 뭔가를 만들어야겠어."라고 그는 말했습니다.

조물주는 보따리를 꺼내 이것저것 주어 담기 시작했습니다. 햇볕단

---

10) 파파고(Papago)는 아메리카 인디언 부족으로 남부 아리조나 주와 멕시코 북서쪽에 있는 북부 소노라 주의 사막지역에 산다.

지, 한 웅큼의 파란 하늘. 흰색의 옥수수 가루, 놀고 있는 아이들의 그림자, 예쁜 아가씨의 까만 머리카락, 노란 낙엽, 초록의 솔잎, 주변에 있는 빨강, 보라, 노랑의 꽃들. 이것들을 모두 보따리에 넣었습니다. 다시 생각해보고는, 새의 노래도 보따리에 집어넣었습니다.

그리고는 아이들이 놀고 있는 풀밭으로 조물주는 걸어갔습니다. "애들아, 애들아. 이것은 너희 것이다." 그리곤 아이들에게 보따리를 주었습니다. "열어봐라. 그 안에서 멋진 것이 들어 있단다."라고 조물주가 아이들에게 말했습니다.

아이들이 보따리를 열자마자 수백 마리의 나비들이 날아서 나오더니 아이들 머리를 에워싸며 춤을 추다 머리에 앉았다가, 다시 꿀을 마시기 위해 다시 이 꽃 저 꽃으로 훨훨 날아다녔습니다. 무아지경에 빠진 아이들은 이렇게 아름다운 것을 본적이 없다고 조물주에게 말했습니다.

나비들이 노래를 부르기 시작했고 아이들은 미소를 지으며 노랫소리를 들었습니다.

그러나 그때 노래하는 새가 날아와서 조물주 어깨에 앉고는 투덜거렸습니다. "우리 노래를 이 신기한 예쁜 것들에게 주는 것을 옳지 않아요. 당신이 우리를 만들 때 모든 새들에게 고유의 노랫소리를 주었다고 말하셨죠. 당신이 세상만사를 다스리죠. 새 창조물에 무지개색을 주는 것으로 충분하지 않나요?"

"네 말이 맞다."라고 조물주는 말했습니다. "각각의 새에 하나씩 노랫소리를 주었지. 너희 것을 빼앗지는 말아야지."

그래서 조물주는 나비의 노랫소리를 없앴습니다. 이것이 나비가 소리를 내지 못하게 된 연유입니다. "이래도 너희들이 예쁘구나."라고 조물주는 말했습니다.

인디언 신데렐라 (캐나다 인디언)

옛날 옛날 대서양 연안에 있는 광활한 바닷가에 한 위대한 인디언 전사가 살았습니다. 그는 아주 신기하고 이상한 능력을 갖고 있었습니다. 투명인간이 될 수 있었습니다. 그는 적의 눈에 뜨이지 않게 적들과 섞인 채 염탐할 수 있습니다. 그는 사람들 사이에서 '투명인간 강풍'으로 알려졌습니다.

강풍은 바닷가 근처 천막에서 누이하고 살았습니다. 누이는 그의 일을 도와줬습니다. 많은 아가씨들이 그의 멋진 행동에 반해 그와 결혼하고 싶어했습니다. 하지만 강풍은 밤에 집으로 돌아올 때 그를 볼 수 있는 아가씨와 결혼할 것이란 걸 다들 알고 있었습니다. 많은 아가씨들이 시도했지만 오랜 시간이 지나서 한 아가씨가 성공했습니다.

강풍은 재치 있는 꾀를 내어 자신의 애정을 얻으려는 모든 사람들의 진심을 시험했습니다. 태양이 너머 가는 저녁마다 누이는 강풍과 결혼하고 싶어 온 아가씨와 함께 바닷가를 산책했습니다. 누이는 강풍이 투명인간일 때도 언제나 그를 볼 수 있었습니다. 강풍이 일터에서 집으로 돌아올 때면 누이는 그가 가까이 다가오는 것을 보고는 결혼하기 위해 찾아온 아가씨에게 질문했습니다. "내 동생 보여?" 지금까지 아가씨들은 강풍을 볼 수 없었지만 항상 이렇게 대답했습니다. "예." 그러면 누이는 이렇게 물었습니다. "무엇으로 썰매를 끌고 있지?" 그러면 아가씨마다 이렇게 대답하곤 했습니다. "무스 가죽", "막대기". "멋진 줄." 그러면 누이는 모두 거짓말을 하고 있고 그들이 한 대답은 단지 추측에 불과하다는 걸 알았습니다. 많은 아가씨들이 시도 했지만, 진실하지 않은 사람하고는 절대로 결혼하지 않을 것입니다.

그런데 마을에는 딸이 셋 있는 위대한 추장이 살고 있었습니다. 딸들의 어머니는 오래 전에 돌아가셨습니다. 딸 하나는 다른 두 딸들보다 훨씬 나이가 어렸습니다. 그 딸은 아주 예쁘고 친절해서 모든 사람들로부터 많은 사랑을 받았습니다. 다른 두 자매는 동생을 질투해서 혹독하게 다뤘습니다. 언니들이 막내에게 너덜너덜 한 옷을 입혀서 못생겨 보이게 했습니다. 검은 긴 머리도 잘라버렸어요. 더욱이 난롯불 석탄으로 얼굴을 태워 피부는 상처로 엉망이었습니다. 그리고는 두 딸은 추장인 아버지에게 거짓말을 했습니다. 막내 스스로 한 일이라고. 그렇지만 막내딸은 참을성이 많았고 다정다감한 마음을 간직한 채 열심히 일을 했습니다.

다른 여자애들처럼, 추장의 두 딸도 강풍과 결혼하고 싶었습니다. 어느 날 저녁 태양이 너머 갈 때 큰딸은 강풍의 누이와 함께 해안가를 산책하며 강풍이 돌아오길 기다렸습니다. 얼마 되지 않아 강풍은 하루 일과를 마치고 썰매를 끌고 집으로 돌아왔습니다. "강풍이 보이니? 남동생이 보여?" 그러자 큰딸은 거짓으로 대답했습니다. "예." 그리고 누이가 물었습니다. "그의 어깨 가죽끈은 뭘로 만든 거지?" 그 아가씨는 추측으로 말했습니다. "생가죽요." 강풍은 큰딸이 거짓말 한걸 알고는 그녀를 만나지 않았습니다. 그리고 그녀는 당황해하며 집으로 돌아갔습니다.

둘째 딸도 강풍의 애정을 얻고자 했습니다. 그래서 강풍의 누이와 해변을 산책했고, 누이가 강풍이 보이냐고 물었을 때, 거짓으로 "예" 라고 말했습니다. 어깨끈은 뭘로 만들었는지에 관한 질문을 받자 그녀도 추측으로 말했습니다. 짚으로요." 강풍은 둘째 딸도 거부했습니다.

어느 날, 누더기 옷을 입고 얼굴은 검게 그을린 추장의 막내딸이 강풍의 애정을 얻어야겠다고 마음을 먹었습니다. 최선을 다해 옷을 꿰매고 갖고 있던 몇 가지 장신구를 걸치고 투명인간을 보기 위해 집을 나섰습니다. 언니들은 막내를 비웃으며 바보라고 놀렸습니다. 막내가 길을 따라 걸어가자, 사람들은 모두 누더기 옷과 그을린 얼굴을 보며 웃었습니다. 하지만 그녀는 조용히 자신의 길을 걸어갔습니다.

강풍의 누이는 막내딸을 친절하게 맞이했고, 해질녘 그녀를 바닷가로 데리고 갔습니다. 곧이어 강풍이 썰매를 끌며 집으로 돌아왔지만 누이를 제외하고는 아무도 그를 볼 수 없었어요. 그리고 누이가 물었습니다. "지금 그가 보이니?" 이 아가씨는 볼 수 없어서 "아뇨"라고 말했습니다. 누이는 그녀가 진실을 말한 최초의 아가씨였기 때문에 깜짝 놀랐습니다. 그리곤 다시 물었습니다. "지금은 보여?" 아가씨는 대답했습니다. "예. 아주 멋진 분이군요." 이 때 누이가 물었어요. "뭘로 썰매를 끌고 오지?" 아가씨는 "무지개요."라고 대답하고는 아주 유감스러워 했습니다. 누이는 좀 더 물어봤습니다. "활시위는 무엇으로 되어있지?" "활시위는 은하로군요."라고 아가씨는 대답했습니다.

바로 이 때 강풍의 누이는 알았습니다. 아가씨가 진실을 말했기 때문에 동생이 이 아가씨에게 모습을 드러낼 것이란 걸. "진짜로 넌 그를 봤구나." 누이는 말했습니다.

누이는 아가씨를 집으로 데려가 목욕을 시켰고, 얼굴과 몸에 난 모든 상처도 말끔히 지워줬습니다. 그리고 아가씨의 머리는 갈까마귀 날개처럼 까맣고 길어졌습니다. 누이는 예쁜 옷과 화려한 장신구도 줬습니다. 그리고 나서 아가씨에게 천막 안의 있는 아내의 자리에 앉으라고 말했습니다. 이윽고 강풍이 천막 안으로 들어와서 그녀 옆에 앉았습니다. 강풍은 아가씨를 '나의 신부'라고 불렀습니다.

그 다음날 아가씨는 강풍의 아내가 되었습니다. 그 후 매일 그녀는 남편이 선행을 하도록 도왔습니다. 그녀의 두 언니는 화가 났고, 막내가 지금 강풍과 결혼하는 이런 사태가 왜 일어나게 됐는지 궁금했습니다. 강풍은 언니들이 냉혹하다는 것을 알고는 벌을 주기로 다짐했습니다. 그의 위대한 능력을 발휘해서 두 언니를 사시나무로 바꿔 땅에 뿌리박게 했습니다. 그날 이후 사시나뭇잎은 늘 떨었습니다. 강풍이 아무리 부드럽게 오더라도 그가 다가오기만 하면 공포에 질려 떨었습니다. 오래 전 동생에게 했던 거짓말과 냉정함 때문에 강풍이 보여준 그의 거대한 힘과 분노를 두 언니는 지금까지도 기억하고 있습니다.

마법의 화살 (포니)[11]

옛날에 여행을 떠나는 젊은이가 있었습니다. 그의 어머니는 그에게 육포 자루와 노루 가죽신 한 벌을 장만해 주었지만 아버지는 그에게 이렇게 얘기했습니다.

"아들아 여기 네 개의 화살이 있다. 필요할 때 하나씩 꺼내 쏴라."

젊은이는 혼자 출발했고 며칠간 숲에서 사냥을 했습니다. 대체로 사냥은 성공적이었지만, 배고프고 고기도 찾을 수 없는 그런 날이 왔습니다. 그러자 마법의 화살 하나를 쏘았어요. 해질 무렵 곰이 옆구리에 화살을 맞고 쓰러졌습니다. 사냥꾼은 혀를 먹었고 곰의 몸은 위대한 신에게 감사의 제물로 바쳤습니다.

아침에 다시 먹을 것이 필요하게 되자 그는 마법의 화살을 쏘았습니다. 그리고 밤중에 모닥불 옆에, 심장에 화살을 맞고 쓰러진 엘크를 발견했습니다. 한 번 더 그는 혀를 먹었고 몸은 제물로 바쳤습니다. 세 번째는 화살로 무스를 죽였고, 네 번째는 버펄로를 죽였습니다.

네 번째 화살을 써버리자 젊은이는 숲에서 벗어났고, 그 앞에 가죽 천막으로 이루어진 원형 마을이 나타났어요. 사람들과 조금 떨어진 마을 귀퉁이에 있는 작고 보잘 것 없는 천막이 눈에 띄었습니다. 그곳에는 노부부만 외로이 살고 있었습니다. 그는 숲 가장자리에 옷을 벗고 구멍이 난 나무에 숨었습니다. 그런 다음 지팡이로 머리를 치자 누더기를 걸친 사내애로 변했고 그런 다음 그 초라한 천막으로 갔습

---

11) 포니(Pawnee)는 미주리강(the Missouri River) 유역에 살았던 북미 인디언 부족.

니다.

노파는 어린애가 오는 것을 보자 노인에게 말했습니다. "영감, 이 사내애를 우리가 키웁시다! 반짝이는 예쁜 눈을 가진 사내애 같아요. 우린 너무 외롭잖아요."

"할멈, 무슨 생각하오?" 노인이 투덜거렸습니다. "우리 자신도 돌볼 수 없는 처지에 어디서 온 누군지도 모른 채 누더기나 걸친 개구쟁이를 어떻게 받아들이겠다는 말이오!"

그 동안 사내애는 더 가까이 왔고, 노파는 손짓으로 그를 불러 천막으로 들어오게 했습니다.

"애야 앉거나, 앉아!" 친절하게 노파가 말했습니다. 노인의 험악한 표정과는 달리, 노파는 작은 그릇에 담긴 구운 옥수수를 주었습니다. 그것은 노부부가 갖고 있던 식량 전부였습니다.

사내애는 먹으면서 머물러 있었습니다. 이윽고 아이는 노파에게 말했습니다. "할머니, 할아버지가 제게 화살 몇 개 주셨으면 해요!"

"영감, 들었죠?" 노파가 말했습니다. "아주 다행히도 당신은 이 아이에게 작은 화살을 만들어주실 수 있잖아요."

"내가 왜 누더기 입은 낯선 놈에게 화살을 만들어줘야지?" 할아버지는 투덜댔습니다.

그렇지만 노인은 두세 개 화살을 만들어 주었고 아이는 사냥을 갔습니다. 얼마 되지 않아 그는 작은 새 몇 마리를 잡아서 집으로 돌아왔습니다. 노파는 그것들을 가지고와서 깃털을 뽑았고, 전에도 그랬듯이 할머니는 아이에게 고마워하며 칭찬을 했습니다. 노파는 재빨리 작은 새로 스프를 만들었고 노인도 기쁘게 그것을 먹었습니다. 할머니는 부드러운 깃털로 작은 베갯속을 채워 놓았습니다.

"얘야, 참 잘했다." 노인은 말했습니다. 노부부는 정말로 가난했습니다.

잠시 후 사내애는 양할머니에게 말했습니다. "할머니 저 너머 숲 가장자리에서 저를 보면 이렇게 소리치세요. '곰이야, 저기 곰이 간다!'"

할머니는 시킨 대로 했습니다. 사내애는 다시 마법의 화살을 들고 집을 나섰습니다. 그 화살은 사냥감의 몸에서 빼내 보관해오던 것이었습니다. 화살을 쏘자마자 그가 제물로 바쳤던 바로 그 곰이 옆구리에 화살을 맞고 그 앞에 쓰러져 있는 걸 보았습니다.

이제 가난한 노부부의 천막집서 엄청난 환호성이 터져 나왔습니다. 노부부가 곰의 껍질을 벗겨 말리고, 고기를 얇게 저미려고 밖에 나가 있는 동안 사내애는 천막집에 혼자 앉아있었습니다. 불 위에 있는 냄비에는 사내애가 먹을 곰의 혀가 있었습니다.

별안간 여자애가 문에 서있었습니다. 그 애는 얌전하게 코앞까지 옷을 잡아당기더니 낮은 소리로 말했어요.

"난 할머니의 막사발을 빌리러왔어!"

사내애는 막사발을 주고 자신이 요리한 혀를 조금 주자 여자애는 가버렸습니다.

곰 고기가 떨어지자 사내애는 두 번째 화살을 쏘아 엘크를 죽였고, 세 번째 네 번째 화살을 쏘아 전처럼 무스와 버펄로를 죽였습니다. 그리곤 매번 화살을 되찾아 놓았습니다.

머지않아 그는 마을 사람들이 큰 곤경에 처했다는 소문을 들었습니다. 큰 빨간 독수리가 매일 새벽에 마을 위로 날아오는 바람에 사람들이 더 이상 사냥을 할 수 없었기 때문에 이 독수리는 나쁜 징조의

새라고 믿었습니다. 어떤 용사도 독수리를 쏠 수가 없었습니다. 그래서 추장은 이 독수리를 죽이는 사람에게 외동딸을 시집보내겠다고 제안했습니다.

사내애가 이 소문을 듣자 다음날 아침 일찍 집을 나와 빨간 독수리를 기다리며 누워있었습니다. 마법 화살에 맞은 빨간 독수리는 그의 발밑에 쓰러졌고, 소년은 다시 화살을 뽑아들고는 아무하고도 말하지 않고 집으로 돌아왔습니다.

그렇지만 고마움을 표하려고 사람들은 보잘것없는 초라한 천막집까지 따라와서 그를 찾아냈고 추장딸을 데려와 그의 아내가 되도록 했습니다. 보십시오, 그녀는 바로 할머니의 막사발을 빌리러 온 여자애가 아닙니까!

그러자 그는 옷을 감춰둔 속이 빈 나무로 돌아가 잘생긴 젊은이로 화려하게 차려입고는 결혼식에 왔습니다.

쌍둥이 형제 (캐도)[12]

수없이 많은 겨울을 거슬러 아주 오랜 옛날에, 동식물의 신비한 효능을 연구하는 젊은이가 살았습니다. 어떤 나무와 풀이 병을 낫게 하는지 몸과 정신을 맑게 하는지, 사람들의 생각과 꿈을 좀 더 분명히 알게 해주는지 젊은이는 알고 있었습니다. 그는 주술사로 알려졌습니다.

주술사는 클레이 팟이라는 아가씨를 사랑했고, 그녀도 그를 사랑했습니다. 아가씨는 그를 남편으로 선택해서, 전 마을 사람들이 지켜보는 가운데 결혼식을 거행했습니다. 두 사람은 마을 외곽 강가에 초가집을 지었습니다.

한 번의 겨울을 보낸 후, 클레이 팟은 아이를 갖게 되었습니다. 그런데 그녀는 병이 들어서 출산할 때 아주 힘들었습니다. 주술사는 클레이 팟 건강이 아주 걱정스러웠습니다.

주술사는 몸과 마음을 튼튼하게 해줄 가장 좋은 약을 제조하기 위해 밖으로 나가 최선을 다해 좋다는 모든 약초와 나무를 수집했습니다. 몇 가지 약초로 음료를 만들었고, 몇 가지 나무를 불에 태워 좋은 향기를 피우며 초가집 공기를 정화시켰습니다. 클레이 팟 침대 머리맡에는 또 다른 종류의 나무들이 그녀에게 마음의 위안과 힘을 주기 위해 놓여 있습니다.

힘든 출산 후, 클레이 팟은 주술사에게 갓난 남자애를 보여주었습

---

12) 캐도(Caddo)는 이전에 루이지애나, 아칸사스, 동부 텍사스 홍강에 거주했고 지금은 중앙 오클라호마 주에 사는 소수 인디언 부족들로 구성된 아메리카 인디언 연맹이다.

니다. 주술사는 약초를 모아서 마실 것을 만들었고, 출산으로 더러워진 침구들은 쓰레기와 깨진 항아리 조각을 버리는 쓰레기 더미 위에다 버렸습니다. 출산 시 생긴 물건들은 주술로 뒤섞자 진기한 일이 일어났습니다. 쓰레기 더미에서 초가집 안에 있는 아이보다 더 큰 또 다른 사내아이가 튀어나왔습니다.

마술이 너무 강해서 두 번째 갓난아이는 더 크고 이미 더 나이 들어 보였습니다. 인디언 풍습에 따라 이 애가 쌍둥이 형이 되었습니다. 이 애는 초가집에서 태어나지 않았기 때문에 숲으로 도망가서 야생동물들과 함께 자랐습니다.

여러 번의 겨울이 오고 갔고 오두막 집 사내애는 무럭무럭 자랐습니다. 주술사와 클레이 팟은 아들을 깊이 사랑했고 잘 교육시켰습니다. 그 사내애는 아명이 있었지만, 사냥꾼이나 전사가 되어 성인의 이름을 얻을 날을 고대했습니다. 그날을 위해 주술사는 아들에게 튼튼한 활과 여러 개의 곧은 화살을 만들어 주었습니다. 아이는 활쏘기를 연마하며 행복한 나날들을 보냈습니다.

어느 여름 날 주술사는 사냥하러 갔고 클레이 팟은 항아리 하나를 들고 그날 마실 물을 길러 근처 강으로 갔습니다. 사내애는 부족사람들이 자신의 초가집 주변을 늘 청소하는 횅한 마당에서 놀았습니다.

사내아이들의 엄마는 저녁 그림자가 초가집을 가로질러 길게 늘어지도록 돌아오지 않았습니다. 엄마는 태양이 나무 뒤로 넘어가도록 돌아오지 않았습니다. 주술사는 집으로 왔지만 클레이 팟은 오지 않았습니다.

아내의 안전이 걱정스러운 주술사는 아들을 데리고 강가로 갔습니다. 거기서 클레이 팟의 발자국과 강둑에 깨진 채 놓여있는 항아리를 보았습니다. 두벌의 발자국이 강물로 들어갔고 더 이상의 발자국은 보이지 않았습니다.

주술사는 강가 진흙에 무릎을 꿇고 흐느껴 울었습니다. "강 건너 도깨비가 데리고 갔어." 저 건너 사는 부족은 저녁거리로 사람을 잡아먹는다는데. 내 아내이자 너의 어머니는 영원히 사라졌구나." 라고 주술사가 말하자 사내애 역시 무릎을 꿇고 아버지와 같이 흐느껴 울었습니다.

주술사와 아들은 초가집으로 돌아와 불을 피우고 집안에 머무르며 엿새 동안 애도했습니다. 일곱 번째 날 음식이 바닥나자 주술사는 다시 사냥할 준비를 했습니다.

다음날 아침 주술사는 아들에게 작별인사를 하며 마을 보호구역인 마당 공터 근처에서 지내라고 말했습니다. 그리고 해지기 전에 돌아오겠다고 약속했습니다.

사내애는 평소대로 마당에서 놀았고 나무 과녁에 화살을 쏘았습니다. 태양이 하늘 높이 떠있을 때 갑자기 또 다른 사내애가 숲 밖으로 걸어 나오더니 인사를 했습니다. 이 다른 사내애는 주술사의 작은아들보다 키도 더 크고 건강했고, 나이가 더 들어 보였지만 아버지를 닮았고 물속에 비친 작은아들의 모습과 아주 똑같았습니다. 이 야생아는 동물 주둥이 같은 약간 긴 코를 가지고 있고, 머리는 길어 헝클어져 있었습니다. 그는 아무런 옷도 걸치지 않았지만 부드럽게 말했고 두 사내애는 함께 놀았습니다.

웃고 서로 장난을 치며 놀던 두 아이는 각자 상대방이 더 잘 조준하도록 하면서 번갈아가며 활을 쏘았습니다. 둘은 곧 친구가 되었습니다. 이윽고 이 야생아는 자신의 비밀을 털어놓았습니다.

"내가 아버지의 마법으로 태어난 너의 큰형이다. 하지만 아빠한테 내 이야기를 하면 절대 안돼. 난 숲에서 살도록 돼있어."

태양이 지자, 야생아는 서둘러 떠났습니다. 주술사는 저녁 사냥감을 갖고 집에 왔습니다. 사흘간 같은 일이 반복되었습니다. 매일, 주술사는 초가집을 나서 사냥을 하거나 마을로 갔습니다. 야생아는 왔고 쌍둥이 형제는 함께 놀았습니다. 해질녘, 야생아는 떠나며 말했습니다. "아빠한테 내 이야기를 하면 절대 안돼. 난 숲에서 살도록 돼있어."

매일 밤, 다시 찾은 형을 만날 수 없었던 작은아들은 초가집 주변을 걸어 다니거나, 멍하니 불을 응시했습니다. 이것을 눈치 챈 아버지는 왜 그러는지 물었습니다. 사내애는 아버지에게 거짓말은 절대로 할 수 없어서 야생아에 대한 모든 얘길 아버지에게 했습니다.

"우리가 그 애를 붙잡아서 집으로 데려와 가족의 일원으로 만들어야겠다. 내일 만나면 걸어가서 그 아이의 긴 머리에 작은 벌레가 있는 척 해라. 그리곤 벌레를 없애주겠다고 말하렴. 그대신 머리카락을 네 개의 매듭으로 묶어라. 이런 주술을 써야만 걔를 붙잡아 우리 가족에게 데려올 수 있단다. 난 날아다니는 곤충으로 변신해서 근처 풀밭에 숨어 있을게."

다음날 주술사는 곤충이 되어 안뜰 가장자리 풀잎 위에 앉았습니다. 야생아가 왔습니다.

"아버진 어디 있니?" 형이 의심스러운 듯 물었습니다. "여기 없는데." 사실 아버지가 평소 모습으로 있지 않았기 때문에 동생이 이렇게 대답했습니다.

"그런데 풀잎 위에 앉아 있는 저 남자는 누구야?" 야생아는 이렇게 묻더니 숲으로 달아나 버렸습니다.

네 번 더 그들은 야생아를 속여 보려 했습니다. 주술사는 새도 되어보고, 개도 되어보고, 기어다니는 벌레도 되어보고 불 뒤에 숨어보기도 했습니다. 그때마다 야생아는 주술사를 알아봤습니다. 마지막으로 아버지는 작은아들에게 말했습니다. "오늘은 사냥을 가야겠다. 하지만 형이 오면, 어쨌든 주술 매듭으로 묶어보도록 해라."

주술사는 활과 화살을 갖고 초가집을 나섰지만 안뜰을 조금 걸어서 벗어나자 멈춰 서서 나무 가지에 무기를 걸었습니다. 곤충으로 변장을 하고는 작은아들 모르게 안뜰로 돌아왔습니다.

야생아가 다시 와서 물었습니다. "아버지는 어디 계시니?"

"여기 없는데." 아버지가 있는 줄 모르고 마을에 사는 사내애가 말했습니다.

야생아는 미소를 지으며 안뜰로 들어와 함께 놀았습니다.

"형, 머리에 벌레가 있는데. 내가 꺼내줄게." 마을에 사는 사내애가 말했습니다. 그러면서 그는 형의 긴 머리 다발을 네게의 매듭으로 묶었습니다. 바로 그때 주술사는 다시 본래의 모습으로 돌아와 부자는 야생아를 붙들어 초가집으로 데려왔습니다.

주술사는 날카로운 껍질을 가져와 야생아의 지나치게 큰 코를 잘라내고 머리를 작은아들처럼 잘라주었습니다. 버펄로 가죽으로 만든 옷을 야생아에게 입으라고 주었습니다.

그 후에 아버지는 아들들에게 저녁을 주었고 밥을 먹는 동안 활과 화살을 가지러 갔습니다. 아버지는 돌아왔고, 야생아를 가족으로 환영한다는 것을 보여주기 위해 주술사는 아주 특별한 화살 하나를 그에게 주었습니다. 그것은 마법의 불로 태운 약초 연기로 검게 된 화살이었습니다.

또한 작은아들에 대한 사랑으로 주술사는 푸른 화살을 주었습니다. 그것은 많은 약제 나무의 즙과 기름으로 채색된 화살이었습니다.

야생아는 이제 진짜 마을에 사는 형처럼 옷도 입고 행동을 하면서 느티나무에서 나무껍질을 떼어내, 두 형제가 활을 쏠 나무껍질 과녁을 만들었습니다. 둘은 과녁을 맞히는 연습을 하면서 즐거운 시간을 보냈고 이따금씩 땅에 나무줄기 바퀴 판을 굴리며 움직이는 표적을 맞히는 기술을 시험했습니다.

어느 날 그 바퀴는 아이들이 굴리지 않았는데도 숲으로 굴러갔습니다. 두 아이가 그것을 찾으러 갔지만 그것은 사라져버렸습니다.

"누군가 여기서 우릴 지켜보고 있었어." 야생아가 말했습니다. "그리곤 우리 과녁바퀴를 가져갔어."

몇 번의 겨울이 가고 오면서 쌍둥이 형제는 점점 건장해졌고 키도 훌쩍 자랐습니다. 세 사람은 한 가족으로 매우 행복했습니다. 어느 봄날, 아버지가 며칠 집을 비울 때, 야생아는 마을 사내애에게 말했습니다. "우리가 성인의 이름을 얻을 때가 왔어. 우리 먼 여행을 떠나자."

각자 **활나무 숲**의 나무로 만든 자신의 활과 화살을 챙겼고, 여행하면서 먹을 옥수수를 볶았습니다. 야생아는 아버지가 특별히 그에게 준 검은 화살도 가져갔습니다.

쌍둥이 동생은 강을 따라 숲 속 깊은 오솔길을 걸었습니다. 야생아가 그 길은 안내했고, 그들은 오솔길을 벗어나 밀림으로 들어갔습니다. 거기서 그들은 개보다 더 큰 거대한 다람쥐를 만났는데, 그 것은 야생아의 친구였습니다.

거대한 다람쥐는 쌍둥이에게 신통력이 있는 두 알의 피칸을 주었습니다. 거대한 다람쥐는 야생아에게 숲 속의 많은 친구들이 그를 기억하며 보고 싶어 한다고 말을 전했습니다. 그것은 깊은 숲 속에 사는 동물과 새들이 주는 추억의 선물이었습니다.

밤이 오자, 쌍둥이는 천막을 세우고 부드러운 땅에 피칸 열매 하나를 심었습니다. 다음 날 아침 깨어났을 때 큰 피칸 나무가 밤새 자라났습니다. 그 나무는 너무 커서 높은 가지들이 구름사이 꿈나라에 올라갔습니다.

야생아는 동생에게 설명했습니다. "천상의 위대한 신은 우리가 성인이 되었을 때 특별한 능력을 주시지. 어린 시절 내가 숲에 살 때 그 능력을 주겠다고 신은 약속했어. 이제 난 이 나무를 높이 올라 비전 즉 꿈을 볼 거야. 내 뼈는 몸에서 떨어져 땅에 떨어질 거야. 두개골이 맨 마지막에 떨어질 거야. 넌 내가 죽었다고 생각하겠지만 그렇지 않아."

"내 뼈를 거둬서 쌓아 놔라. 두개골을 맨 뒤에 올려놓고, 내 버펄로 가죽옷으로 그 더미를 덮은 후 검은 화살을 공중에 쏴라. 함께 놀면서 화살을 공중으로 쏴 그것들이 방향을 바꿔 땅에 떨어지는 것을 지켜보며 우리가 했던 것처럼. 내게 크게 외쳐라. '형 조심해. 화살이 곧장 형에게 가고 있어.'라고."

동생은 야생아가 나무를 오르자 쳐다보기도 두려웠고, 형이 말했던 것처럼, 머지않아 뼈가 떨어지기 시작했고 두개골이 맨 나중에 떨어졌습니다. 마을 사내애는 뼈를 주워 모아, 버펄로 가죽을 덮고는 화살을 쏘았습니다. 그리고 소리쳤습니다. "형, 조심해. 화살이 곧장 형에게 가고 있어."

야생아는 화살이 버펄로 가죽을 맞추기 직전에 가죽옷 밑에서 이전처럼 건강한 모습으로 뛰쳐나왔습니다.

"이제는 네가 나무에 올라 너의 비전, 꿈을 보고, 천상의 위대한 신이 너를 위해 준비한 능력을 받아와라. 난 네가 했던 것처럼 할 거다. 그리고 우린 나중에 여기 이 나무 밑에서 만나게 될 거다."

마을 사내애는 구름 속으로 나무를 타고 오르면서 겁이 났지만, 마치 잠든 것처럼 곧 따뜻하고 편안했습니다. 그리고 능력을 갖는 비전을 보았습니다. 구름 밖으로 떨어져 땅에 부딪칠 때 아무런 고통도 느끼지 못했습니다.

그렇지만 형이 그를 부르는 소리를 듣고는 버펄로 옷에서 상처 없이 건강한 모습으로 뛰쳐나왔습니다. 화살은 버펄로 가죽을 맞추고는 곧추서서 덜덜거렸습니다. .

"어떤 능력을 받았니?" 형이 물었습니다.

"형 잘 들어." 동생이 기뻐서 말했습니다. 그리고 입을 열어 지진 같이 울려 퍼지는 소리를 냈고 나무와 바위가 되받아쳤습니다.

"우린 널 천둥이라는 부를 테다." 형이 말했다.

"형은 어떤 능력을 받았는데?" 동생 천둥이 물었다.

"잘 봐." 형이 말하고는 입을 열어 뱀의 혀처럼 입에서 퍼져 하늘을 가로지르는 불꽃처럼 타오르는 말을 했다.

"우린 널 번개라고 부를 거야." 천둥은 말했다.

그 긴 하루는 끝나가고 있지만 그들의 새로운 능력과 이름은 강력해졌습니다. 번개와 천둥은 그들의 마을을 지나며 흐르는 큰 강가로 함께 걸어갔습니다. 밤에 잠을 자러 천막으로 돌아왔을 때 두 번째 피칸 열매를 심었습니다.

날이 밝아 눈을 떴을 때 또 다른 거대한 피칸 나무가 밤새 자라났습니다. 그 긴 나뭇가지들은 강 저편까지 드리웠고 건너갈 수 있는 길을 만들어주었습니다.

천둥과 번개는 두 번째 큰 피칸 나무를 기어올라 드리워진 나뭇가지를 따라 강 건너편으로 걸어갔습니다. 그 곳에서 잠깐 걸은 후, 두 사람은 저녁식사로 사람을 먹는 도깨비 마을로 갔습니다. 둘은 여기저기 풀밭에 쌓여있는 뼈무더기를 보았습니다.

"봐라!" 천둥이 뼈무더기를 가리키며 소리쳤다. "이것들이 우리 어머니의 뼈야!" 번개가 그것을 어떻게 알았는지 천둥은 알 수 없었지만 그는 형의 분별력을 믿었습니다. 재빨리 흩어진 뼈를 차곡차곡 쌓았고 두개골을 마지막에 올려놓았습니다. 무더기에 버펄로 옷을 덮은 후에 천둥은 공중에 검은 화살을 쏘아 올렸습니다.

"어머니, 조심하세요, 화살이 어머니 쪽으로 날아가요!" 천둥이 외쳤다.

번개가 힘껏 쏜 검은 화살은 점점 더 하늘 높이 날아가다 점점 더 빠르게 땅으로 떨어졌습니다. 갑자기 클레이 팟은 버펄로 옷에서 뛰쳐나왔고 검음 화살은 땅에 너무 세게 부딪쳐 가죽 옷 깊숙이 꿰뚫으며 산산조각이 났습니다.

클레이 팟이 부족을 떠난 지 많은 시간이 지났음에도 불구하고, 그녀는 아들들을 보자마자 둘 다 알아보았습니다. 그들은 서로 부둥켜안아 기쁨의 눈물을 흘렸습니다.

그들이 서로 껴안자, 도깨비 대추장은 근처 초가집에서 나왔습니다. 그는 매우 보기 흉했고 잔인했습니다. 도깨비가 다가오자 천둥은 푸른 화살을 꺼내 활시위에 활을 메었습니다. 도깨비 추장이 점점 더 가까이 오자, 형제는 추장 오른쪽에 장식으로 과녁 바퀴를 입고 있는 것을 보았습니다. 그것으로 강을 건너와 그들을 지켜보던 자, 오랫동안 어머니의 목숨을 빼앗아 갔던 자가 도깨비란 것을 알았습니다.

도깨비를 겨냥한 천둥은 과녁을 향해 푸른 화살을 쏘았고 짐승 같은 거인은 쓰러져 죽었습니다.

마을의 나머지 도깨비들이 일어나기 전에, 세 사람은 피칸 나뭇가지로 달려와서 강을 건넜습니다. 그들이 나뭇가지에 있을 때, 첫 번째 도깨비 전사는 마을에서 달려와 그들에게 와서는 창을 던졌습니다. 천둥은 돌아서서 우르릉거리자 그 노여움의 소리가 강 건너까지 울려 퍼져 강을 건너는 도깨비에게 겁을 주어 쫓아냈습니다.

천둥이 어머니를 나무에 앉히자마자, 번개가 돌아서서 번쩍거렸습니다. 어마어마한 번개가 입에서 나오자, 강에 드리워진 나뭇가지가 강물 속으로 떨어져 쓸려 내려갈 정도로 거대한 피칸 나무는 산산조각 났습니다. 아무도 강을 건너 호기심을 갖고 도깨비 땅으로 갈 수 없었습니다.

곧바로 세 사람은 마을로 돌아와 초가집으로 와서 주술사에게 인사를 했습니다. 주술사는 그들 모두를 껴안았습니다. 그리고 다시 하나의 가족이 되었습니다.

그들은 여러 해 행복하게 살았습니다. 마침내 나이 들어 행복하게 살던 주술사가 조용하게 운명을 달리할 날이 왔습니다. 클레이 팟도 남편 없이 이승에서 오래 살 수 없었습니다. 머지않아 어머니도 사망했습니다.

이제 성인이 된 번개와 천둥은 어머니와 아버지의 유골을 모아 버펄로 옷으로 싸서, 부족이 다들 그랬듯이 그 꾸러미를 파묻었습니다.

그러자 더 이상 이승에 살고 싶지 않자, 천둥과 번개는 아주 오래 전 여행했던 숲 속 오솔길로 돌아와 제일 먼저 심은 큰 나무에 올라

구름 속으로 걸어 들어갔습니다. 늙은 나무는 그들 발아래서 시들어 숲의 긴 통나무가 되었습니다.

천둥과 번개는 그 후 하늘나라에 살았고 바람과 폭풍우와 함께 오 갔습니다. 저 아래 이승에 사는 사람들은 하늘을 올려다보면서 기억했 습니다. 사람들은 밤에 불 주위에 둘러앉아 쌍둥이 형제의 놀라운 이 야기를 했습니다.

아파치족의 창조설화 (아파치)

태초에는 아무것도 존재하지 않았습니다. 땅, 하늘, 태양, 달도 없었습니다. 단지 암흑 천지였습니다.

갑자기 이 암흑에서 한 면은 노랗고, 다른 면이 흰 얇은 원판이 나타났는데 마치 공중에 매달려 있는 듯했습니다. 원판에는 조금 수염이 난 사람 조물주인, 천상인이 앉아있었습니다.

긴 낮잠에서 깨어난 듯, 양손으로 눈과 얼굴을 비볐습니다.

그가 끝없이 깊은 암흑 속을 들여다보자 빛이 위에서 나타났습니다. 아래를 내려다보니 암흑은 빛의 바다가 되었습니다. 동쪽에 새벽의 노란 광선을 만들어냈습니다.

서쪽에는 수많은 희미한 빛깔들이 도처에 나타났습니다. 또한 다양한 색깔의 구름들이 있었습니다.

조물주는 얼굴에 나는 땀을 닦아 손을 다시 비비며 아래로 내밀었습니다. 보라! 어린 소녀가 앉아있는 빛나는 구름을.

"일어나 네가 어디서 왔는지 말하렴"하고 조물주가 말했습니다. 그러나 그 애는 대답하지 않았어요. 그는 눈을 다시 비비고는 오른손을 부모-없는-소녀에게 내밀었습니다.

"당신은 어디서 왔나요?" 조물주의 손을 잡으며 소녀가 물었습니다. "지금 빛이 있는 동쪽에서" 그는 대답하며 소녀가 있는 구름 위로 걸어갔습니다.

"대지는 어디 있나요?" 그녀가 물었습니다. "하늘은 어디 있지?"

그는 물어보며 노래 불렀습니다.

"난 다음에 뭘 만들지 생각하고, 생각하고, 생각하는 중이야." 그는 네 번 노래를 불렀습니다. 4는 마법의 숫자입니다.

조물주는 손으로 얼굴을 쓰다듬고 손을 비빈 후에 쭉 내밀었습니다. 바로 그 앞에 태양신이 서있었습니다. 다시 조물주는 땀투성이 이마를 문지른 후, 손에서 작은-소년을 떨어뜨렸습니다. 조물주, 태양신, 부모-없는-소녀, 작은-소년은 깊은 생각에 잠긴 채 작은 구름 위에서 앉았습니다.

"다음에 뭘 만들지?" 조물주가 물었습니다.

"이 구름은 우리가 살기에 너무 좁아." 그리고 조물주는 타란툴라거미, 북두칠성, 바람, 번개신, 막 끝낸 천둥 통을 보관할 서쪽의 구름들을 만들었습니다. 조물주는 노래를 불렀습니다.

"대지를 만들도록 하자. 대지, 대지, 대지를 염두에 두고 있어. 대지를 구상 중이야." 그는 네 번 노래를 불렀습니다.

네 명의 신은 서로 악수를 했습니다. 그러자 땀들이 서로 섞였고, 조물주가 손바닥을 비비자, 콩만한 조그만 둥글고 갈색의 공이 떨어졌습니다.

조물주가 그 공을 발로 차자 그것은 커졌습니다. 부모-없는-여자가 공을 차자 더 커졌습니다. 태양신과 작은 소년은 차례로 공을 세게 찼고 매번 공은 점점 더 커졌습니다. 조물주는 바람에게 그 안에 들어가서 바람을 일으키라고 말했습니다.

타란툴라거미는 검은 실을 만들어 공에 붙여서, 빠르게 동쪽으로 기어갔고, 있는 힘껏 잡아당겼습니다. 타란툴라거미는 파란 실은 남쪽으로, 노란 실을 서쪽으로, 흰 실을 북쪽으로 잡아당겼습니다. 각각의 방향으로 힘껏 잡아당기자, 갈색의 공은 헤아릴 수 없는 크기로 팽창했습니다. 그 공이 대지가 되었습니다. 구릉, 산, 강이 보이지 않았습니다. 단지 평평하고 나무 한 그루 없는 갈색의 평원만 보였습니다.

조물주는 가슴을 긁은 후 손가락들을 서로 비비자 거기에 벌새가 나타났습니다. "북, 남, 동, 서로 날아가 뭘 봤는지 말해라"라고 조물주는 말했습니다.

"다 좋아요." 벌새가 돌아와서 보고했습니다. "서편에 물이 있어 대지는 매우 아름다워요." 그렇지만 대지는 계속 구르며 위 아래로 춤을 췄습니다. 그래서 조물주는 검정, 파랑, 노랑, 흰 네 개의 기둥을 만들어 대지를 떠받치게 했습니다. 바람은 네게의 기둥을 운반해 대지의 주요한 네 지점 밑에 놓았습니다.

조물주는 노래 불렀습니다. "세상이 이제 만들어지고 지금은 움직이지 않네." 그는 이 노래를 네 번 반복해서 불렀습니다.

그리고 조물주는 하늘에 관한 노래를 부르기 시작했습니다.

아무것도 존재하지 않았지만 존재하는 것이 있어야겠다고 그는 생각했습니다. 그것에 대한 노래를 네 번 부른 후에 28명의 사람이 나타나 대지 위에 있는 하늘 만드는 것을 도왔습니다. 조물주는 대지와 하늘을 위한 추장을 만들기 위한 노래를 불렀습니다.

조물주는 번개신을 보내 세상을 둘러보게 했고, 그는 세 명의 이상한 사람 즉 거북이 껍질 속에서 발견한 두 명의 여자와 한 명의 남자를 데리고 돌아왔습니다. 그들은 눈, 귀, 머리카락, 입, 코, 이가 없었습니다. 팔과 다리는 있었지만 손가락 발가락은 없었습니다.

태양신은 파리에게 와서 발한실을 만들게 했습니다. 부모-없는-소녀는 네 장의 짙은 구름을 그 위에 덮었습니다. 동쪽 출입문 앞에는 발한 후에 사용할 발담뇨용 부드러운 빨간 구름을 깔았습니다.

네 개의 돌이 발한실 안 불가에서 따뜻해졌습니다. 세 명의 볼품없는 창조물들이 그 안으로 들여보냈습니다. 나머지는 그들이 발한을 끝낼 때까지 밖에서 치유의 노래를 불렀습니다. 세 사람이 나와 마법의 빨간 구름 담요 위에 섰습니다. 조물주는 그들과 악수를 하며 손가락, 발가락, 입, 눈, 귀, 코, 머리카락을 주었습니다.

조물주는 남자에게 하늘아들이라는 이름을 주고 하늘나라 추장이 되게 했습니다. 여자에게는 대지딸이라는 이름을 붙여주고 대지와 곡식을 담당하게 했습니다. 꽃가루여인이라는 이름을 붙여준 나머지 여자는 모든 대지의 사람을 돌보는 건강을 담당하게 했습니다.

대지가 평평하고 메말라서, 조물주는 동물들, 새들, 나무들, 산을 만들면 재미있겠다고 여겼습니다. 조물주는 비둘기를 보내 세상이 어떻게 생겼는지 보고오라고 했습니다. 사흘 후, 그는 돌아와서 보고했습니다. "세상은 모두 아름다워요. 하지만 지금부터 사흘 후에 동쪽 맞은편에 있는 물이 솟아올라 강한 홍수를 일으킬 거예요."

조물주는 아주 큰 침엽수를 만들었습니다. 부모-없는-소녀가 침엽수지로 나뭇가지를 덮어 크고 단단한 공을 만들었습니다.

사흘이 지나자 홍수가 일어났습니다. 조물주는 구름 위로 28명의 도움이들을 데리고 올라갔습니다. 부모-없는-소녀는 다른 사람들을 큰 속이 텅 빈 공속에 집어넣어 위를 단단히 닫았습니다.

열이틀이 지난 후, 물이 줄어들자 언덕 높이 떠 있던 공이 남았습니다. 돌진하던 홍수는 평야를 산, 언덕, 골짜기, 강으로 바꾸어놓았습니다.

부모-없는-소녀는 떠있는 공에서 나온 신들을 새로운 대지로 인도

했습니다. 그녀는 자신의 구름으로 그들을 데려갔습니다. 지상의 홍수 기간 동안 하늘을 만드는 일을 마친 도움이들과 함께 있던 조물주를 만날 때까지 그녀는 위를 떠다녔습니다.

두 구름은 함께 아래에 있는 골짜기로 내려갔습니다. 거기서 부모-없는-소녀는 모든 사람들을 다 같이 모아 조물주의 말을 귀담아듣게 했습니다.

"난 당신들 각자가 완벽하고 행복한 세상을 만들도록 최선을 다 하길 바랍니다."

"번개통 당신은 구름과 물을 담당하고,"

"하늘아들 당신은 모든 하늘백성을 돌보고,"

"대지딸 당신은 모든 곡식과 대지백성을 맡고,"

"꽃가루여인 당신은 건강을 돌보며 그들은 인도하고,"

"부모-없는-여자 당신은 이 모든 것을 관장할 것이요."

그리고 조물주는 부모-없는-소녀에게 돌아서서 함께 손으로 다리를 비비고는 재빨리 그들을 강제로 아래쪽으로 던졌습니다. 곧 둘 사이에 엄청난 나무더미가 생겼고 조물주가 그 위에 손을 흔들자 불이 만들어졌습니다.

크게 소용돌이치는 연기구름들이 즉시 하늘로 떠올랐습니다. 하나의 구름 속으로 조물주는 사라졌습니다. 다른 신들은 대지의 사람들에게 28명의 도움이 남겨놓고, 조물주를 따라 다른 연기구름들 속으로 사라졌습니다.

태양신은 동쪽으로 가서 살았고, 태양과 함께 다녔습니다. 부모-없는-소녀는 서쪽으로 떠나 지평선에 살았습니다. 작은-소년과 꽃가루여인은 남쪽에 구름집을 만들었습니다. 북두칠성은 밤에 북쪽하늘에서

오늘날까지도 우리가 볼 수 있는데, 모든 이들에게 믿음직한 길잡이가
되었습니다.

하늘로 올라간 아가씨 (아라파호)[13]

어느 날 아침 젊은 아가씨 여럿이 땔감을 주우러 마을을 나섰습니다. 그들 중에는 사파나라는 마을에 제일 예쁜 아가씨가 있었는데, 그녀는 큰 미루나무 밑둥에 고슴도치가 앉아있는 것을 제일 먼저 보았습니다. 그녀는 다른 아가씨들에게 말했습니다. "고슴도치 잡는 거 도와주면 너희에게 가시를 나눠줄게."

고슴도치는 미루나무에 올라갔지만 나뭇가지들이 땅 가까이 늘어져 있어서 사파나는 쉽게 따라잡았습니다. "빨리" 그녀가 소리쳤습니다. "저놈이 올라가고 있어. 가죽신에 수를 놓으려면 저 가시가 필요하잖아." 사파나는 막대기로 고슴도치를 내려쳤지만 그 놈은 손이 미치지 않는 곳으로 올라가 버리고 말았습니다.

"저 가시가 필요한데." 사파나가 말했습니다. "할 수만 있다면 고슴도치를 따라 나무 꼭대기까지 따라갈 테야." 하지만 올라갈 때마다 번번이 고슴도치는 그녀를 앞질렀습니다.

"사파나, 너무 높이 올라갔어." 한 아가씨가 땅에서 외쳤습니다. "내려오는 게 좋겠어."

하지만 사파나는 계속 올라갔고, 그녀가 보기에도 나무는 하늘을 향해 계속 뻗쳐있었습니다. 거의 나무꼭대기에 다다랐을 때, 사파나는 위에 있는 뭔가를 보았습니다. 벽처럼 단단하지만 빛나는 것. 그것은 하늘이었습니다. 갑자기 그녀는 자신이 캠프 한가운데 있음을 알아차

---

13) 아라파호족(Arapaho)은 미국 콜로라도(Colorado) 주에 살던 인디언.

렸습니다. 나무 꼭대기는 사라졌고 고슴도치는 추한 노인으로 변했습니다.

사파나는 고슴도치 인간의 모습이 맘에 들지 않았지만, 그는 그녀에게 친절하게 말하며 자신의 부모가 사는 천막으로 그녀를 인도했습니다. "난 멀리서 당신을 지켜보았어." 그는 사파나에게 말했습니다. "당신은 아름다울 뿐만 아니라 부지런하더군. 우린 여기서 아주 열심히 일해야 하는 데 당신이 내 아내가 되어주었으면 해."

고슴도치 인간은 바로 그날 사파나에게 버펄로 가죽을 벗기며 펴서 옷을 만들게 했습니다. 저녁이 되자 이 아가씨는 천막 밖으로 나가 홀로 앉아서 어떻게 하면 집으로 돌아갈 수 있는지 곰곰이 생각했습니다. 하늘나라의 모든 것은 누렇고 어슴프레해서 지상의 푸른 나무와 푸른 풀이 그리웠습니다.

매일 고슴도치인간은 사파나가 일을 할 버펄로 가죽을 갖다 놓고 사냥하러 나갔고, 그가 집을 비우는 오전에 그녀는 야생 무를 파와야 했습니다. "뿌리를 팔 때 너무 깊이 파지 않도록 조심해." 라고 고슴도치 인간이 경고했습니다.

어느 날 아침에 사파나는 유별나게 큰 무를 발견했습니다. 아주 힘들게 막대기를 이용해 느슨하게 들어올렸습니다. 그것을 끌어올리자, 푸른 지상을 내려다 볼 수 있는 구멍이 생겨난 것을 보고 그녀는 깜짝 놀랐습니다. 저 아래 강, 산, 천막촌, 걸어 다니는 사람들이 보였습니다.

사파나는 고슴도치 인간이 너무 깊이 파지 말라고 경고한 이유를 이제야 알았습니다. 하늘에 구멍을 찾아냈다는 사실을 그가 알지 못하게, 사파나는 조심스럽게 무를 제자리에 갖다 놓았습니다. 천막으로 돌아오는 도중에 그녀는 다시 지상으로 내려갈 계획을 짰습니다. 거의 매일 고슴도치 인간은 그녀에게 다음 옷을 지으라고 버펄로 가죽을 벗겨서 가져왔습니다. 옷을 만들다보면 힘줄이 남았고 그녀는 이것을 모아 자신의 침대 밑에 숨겨두었습니다.

드디어 사파나는 지상까지 닿을 충분히 긴 밧줄을 만들 수 있는 힘줄을 모았다고 여겼습니다. 어느 날 아침 고슴도치 인간이 사냥하러 나간 후 그 힘줄을 서로 묶고는 큰 무를 발견했던 장소로 갔습니다. 무를 들어올리고 자신의 몸이 빠져나갈 수 있도록 구멍을 더 넓게 팠습니다. 구멍을 가로지르게 막대기를 놓고 가운데에 힘줄로 만든 밧줄 끝을 묶었습니다. 그런 다음 다른 밧줄 끝을 겨드랑 아래로 묶었습니다. 천천히 밧줄을 풀면서 아래로 내려가기 시작했습니다. 선명하게 나무 꼭대기들이 볼 수 있게 충분히 밑으로 내려오기까지 많은 시간이 걸렸습니다. 그리고 사파나의 밧줄도 끝이 났습니다. 땅에 닿을 정도로 충분히 길게 밧줄을 만들지 못했습니다. 그녀는 어찌할 바를 몰랐습니다.

사파나는 오랫동안 나무 너머에서 오락가락 흔들거리며 그렇게 매달려 있었습니다. 멀리서 희미하게 그녀의 천막촌에서 개짖는 소리와 사람들이 외치는 목소리를 들을 수 있었습니다. 하지만 마을 사람들은 너무 멀리 떨어져 있어서 그녀를 볼 수 없었습니다. 얼마 후 그녀는 위에서 나는 소리를 들었습니다. 밧줄이 심하게 흔들리기 시작했습니다. 돌멩이가 하늘에서 떨어지더니 간신히 그녀를 피해갔습니다. 이어서 고슴도치 인간이 밧줄을 타고 돌아오지 않으면 그녀를 죽이겠다고 협박하는 소리를 들었습니다. 또 다른 돌멩이가 휙 소리를 내며 귀 옆으로 스쳐지나 갔습니다. 바로 이때 대머리수리가 그녀 발아래서 원을 그렸습니다. "와서 살려줘요." 사파나는 대머리수리에게 소리쳤습니다. 그 새는 여러 번 그녀의 발밑으로 활주했고, 사파나는 자신에게 일어났던 일을 모두 얘기했습니다. "등에 타." 대머리수리가 말했습니다. "지상으로 데려다 줄게." 그녀는 새 등을 밟았습니다. "준비됐어?" 대머리수리가 물었습니다. "응." 그녀가 대답했습니다.

"밧줄에서 떨어져." 대머리 수리가 명령했습니다. 그는 강하하기 시작했지만 이 아가씨는 그녀에게 너무 무거웠습니다. 그래서 그는 너무 빠르게 지상으로 활주했습니다. 매가 아래서 나는 것을 보고는 불렀습니다. "매야, 이 아가씨가 부족에게 돌아갈 수 있게 도와줘."

매는 사파나를 등에 태우고 선명하게 그녀 가족의 천막이 내려다보일 때까지 날았습니다. 그러나 그 때 매는 지쳐갔고, 대머리수리가 다시 등에 그녀를 태워야했습니다. 대머리수리가 날다가 나무 사이로 잽싸게 낙하하고는 바로 마을 밖에 착륙했습니다. 사파나가 감사하다는 말도 하기 전에 대머리수리는 하늘로 날아갔습니다.

사파나는 잠시 쉬고는 천천히 부모님의 천막으로 걸어갔습니다. 그녀는 힘도 없었고 지쳐있었습니다. 집으로 가는 도중에 그녀에게 다가오는 아가씨를 보았습니다. "사파나!" 그 아가씨는 소리쳤습니다. "우린 네가 죽은 줄 알았어." 그녀는 사파나가 천막으로 걸어가도록 도와주었습니다. 처음에 어머니는 그녀가 하늘에서 돌아온 자신의 딸이라는 것을 믿지 않았습니다. 그리고 나서 딸을 팔로 껴안고 흐느꼈습니다.

사파나의 귀환소식은 재빠르게 마을 전체로 퍼졌고 모두들 집으로 와서 그녀를 환영했습니다. 그녀는 사람들에게 자신의 이야기를 들려주었고 특히 대머리수리와 매가 자신에게 베푼 친절에 대해 얘기했습니다.

그 이후로, 그녀 부족 사람들은 중요한 사냥을 할 때면 대머리수리와 매가 먹을 버펄로를 늘 남겨놓았습니다.

2부 교훈이 담긴 설화

버려진 아우 (치퍼와-오집와)

어느 여름날 저녁, 해지기 한 시간도 채 되기 전에, 한 가장이 천막에 누워 죽어가고 있었습니다. 옆에는 아내와 세 자녀가 흐느끼고 있었습니다. 세 자녀 중 둘은 거의 성인이 되었지만 막내는 아직 어린애였습니다. 이들은 죽어가는 남자 곁에 있는 유일한 사람들이었습니다. 그들 천막이 마을 사람들과는 동떨어진 푸른 작은 언덕에 있었기 때문입니다.

강바람이 이 아픈 남자에게 잠깐 원기를 갖다 주었습니다. 그는 조금 몸을 일으켜 가족에게 말했습니다.

"난 곧 너희 곁은 떠날 거다. 오랫동안 내 동반자였던 너희 엄마도 오래 머물러 있지는 못할 거다. 엄마도 조만간 신들의 즐거운 땅에서 나와 합류할거다. 그런데 아, 얘들아, 불쌍한 것들! 너희는 이제야 막 인생을 시작했는데. 아주 무정하고 사악한 것들이 여전히 너의 앞에 놓여있단다."

"악으로부터 너희를 지키며 오랫동안 엄마랑 너희들과 함께 있어 즐거웠다. 얘들아, 서로 사랑하며 살겠다고 약속해준다면 난 안심하고 죽을 거다. 무슨 일이 있어도 막내를 버리지 않겠다고 내게 약속해다오. 막내를 너희에게 맡긴다. 막내를 사랑하며 소중하게 지켜다오."

환자는 말하느라 기운을 다써버렸습니다. 하지만 다 큰자식들의 손을 각각 잡으며 그는 계속 애원했습니다. "딸아, 어린 남동생을 절대로 버리지 마렴! 아들아, 어린 남동생을 절대로 버리지 마렴!"

"절대로, 절대로!" 둘 다 크게 말했습니다.

"절대로, 절대로!" 아버지도 따라서 말했습니다. 그리고 나서 아버지는 다행히도 그의 명령을 자식들이 지킬 거라고 확신하며 운명했습니다.

시간이 힘들게 지나갔습니다. 기나긴 다섯 번의 달이 지나갔고 여섯 번째 보름달이 거의 되었을 때 어머니 또한 운명했습니다. 어머니도 마지막 순간까지 두 나이든 자식에게 아버지와 한 약속을 상기시켰습니다. 기꺼이 그들은 어린 남동생을 돌보겠다는 약속을 다시 했습니다. 이때까지만 해도 그들은 이기적이지 않았습니다.

겨울이 지나고 봄이 왔습니다.

첫째인 누이가 동생들에게 지시했습니다. 그녀는 병약하고 허약한 막내에게 특별히 온화하고 누이다운 애정을 쏟는 듯 보였습니다. 그렇지만 형은 벌써 이기적인 기미가 보였습니다. 하루는 누이에게 날카롭게 말했습니다.

"누나, 우린 항상 세상에 아무도 없는 것처럼 살아야 해? 다른 사람과 교제해서도 안돼? 난 우리 부족 마을을 방문할거야. 난 결심했어. 누나가 나를 막지는 않겠지."

"아우야." 누이가 대답했습니다. "네가 원하는 것에 '안돼'라고 말하진 않겠어. 다른 사람들과 사귀지 말라고는 하지 않았지만 절대로 우리 서로 버리지 않겠다고 약속했잖니. 우리 자신의 이기적 욕망에 따라 헤어진다면, 막내를 버려야 하지 않을까? 우리 둘 다 막내를 돌보겠다고 약속했잖니."

아무런 대답도 하지 않고 큰 남동생은 활과 화살을 집고는 오두막 집을 떠나 돌아오지 않았습니다.

여러 달 누이가 어린 남동생을 다정하게 돌봤습니다. 그렇지만 마침내 그녀 역시 외롭게 사는 것에 신물이 나자 의무에서 벗어나고 싶었습니다. 음식과 옷을 만드는 힘과 능력이 몇 년 사이에 부쩍 늘었습니다. 하지만 사교적인 생활에 대한 그녀의 욕망도 그만큼 커졌습니다. 세월이 천천히 지나가자, 고독 때문에 그녀는 점점 더 힘이 들었습니다. 결국 누이는 자신만을 생각하며 큰 남동생이 이미 했던 것처럼 작은 남동생을 버리기로 결정했습니다.

어느 날 누이는 모아둔 음식을 천막 안에 놓았습니다. 나무더미를 출입구에 갖다놓고 어린 남동생에게 말했습니다. "내가 없는 동안 천막에서 멀리 떨어져서 다니지 마. 난 네 형을 찾으러 갈 거야. 금방 돌아올게."

그리고 누이는 보따리를 가지고 마을을 향해 출발했습니다. 호숫가에서 쾌활한 사람을 만났습니다. 곧 새로운 생활의 즐거움에 너무 푹 빠져서 남동생에 대한 애정이 마음에서 사라졌습니다. 때맞춰 결혼도 했습니다. 오랫동안 누이는 숲에 남겨둔 병든 어린 남동생에 관해 생각조차 하지 않았습니다.

한편 큰 남동생도 같은 호수에 있는 마을에 정착했습니다. 그곳은 부모의 무덤과 작은 남동생이 사는 외로운 집에서 그리 멀지 않은 곳이었습니다.

작은 남동생은 누이가 남겨둔 음식을 모두 먹자, 딸기도 따먹고, 뿌리도 캐먹었습니다. 겨울이 오자 이 불쌍한 아이는 차가운 바람을 맞았습니다. 눈이 대지를 덮었습니다. 식량을 찾아 어쩔 수 없이 천막을 떠났고, 은신할 데도 없이 먼 길을 헤매다녔습니다. 이따금 늙은 나무 장대 사이에서 밤을 보냈고, 늑대가 남긴 찌꺼기를 먹었습니다.

일찌감치 작은 동생은 늑대가 먹지 않은 것에 전적으로 자신의 식량을 의존해야했습니다. 그는 겁이 없어서 늑대들이 사냥한 동물들을 게걸스레 먹는 동안 가까이 앉아 있었습니다. 그의 건강상태가 동물들로 하여금 동정을 불러일으켜서 항상 뭔가를 남겨주었습니다. 이렇게 봄이 올 때까지 늑대들의 친절로 살아갔습니다. 호수에 얼음이 녹자, 작은 동생은 새로 사귄 친구와 동무들을 따라 호숫가로 갔습니다.

한편 형은 우연히도 그 호수에서 멀리 나와 카누를 타고 낚시를 하고 있을 때 아이 울음소리를 들었었습니다. "이 황량한 호숫가에 애가 어떻게 살 수 있지?" 그는 중얼거렸습니다. 다시 소리가 들리자 메아리라고 생각했습니다. 가능한 빨리 호숫가로 노를 저어 와서 보니 아우였습니다. 작은 남동생이 노래를 부르고 있었습니다.

형, 형, 나 지금 늑대로 변해가. 늑대로 변해가!

노래가 끝나자 아우는 늑대처럼 울었습니다. 형은 가까이 다가가 반은 늑대로 반은 인간으로 변한 아우를 보고 놀랐습니다. 호숫가로 뛰어내린 형은 두 팔로 아우를 잡으려고 했습니다. 아우를 진정시키면서 형이 말했습니다. "아우야, 아우야, 내게 오렴!"

그러나 아이는 형을 피해 도망치면서 계속 노래를 불렀습니다. "늑대로 변해가! 늑대로 변해가!" 그리고 노래가 끝나면 무시무시하게 울부짖었습니다.

양심의 가책과 진심으로 애정을 느낀 형은 그에게 소리쳤습니다. "아우야, 아 아우야! 내게 돌아오렴!"

그러나 아이에게 다가가면 갈수록, 점점 더 빨리 늑대로 변해갔습니다. 어린 남동생은 여전히 노래를 불렀고 여전히 울부짖었습니다. 이따금 그는 형을 찾아왔고 누이를 찾아왔습니다. 그리고 완전히 늑대로 변하자 숲으로 도망가 버렸습니다. 동생은 자신이 늑대라는 것을 알았습니다. "난 늑대야! 난 늑대야!" 보이지 않을 때까지 그는 뛰면서 소리쳤습니다.

큰형은 남은 인생 내내 끊임없이 죄책감에 시달렸습니다. 그리고 누이는 어린 남동생에게 일어난 일을 듣고는 아버지에게 한 약속을 진지하게 회상하면 슬픔에 잠겼습니다. 그녀는 많이 울었고, 죽을 때까지 참회를 했습니다.

별똥별 (샤이엔)[14]

　옛날 옛날 어느 여름 따뜻한 저녁 두 명의 인디언 소녀가 천막 밖 잔디밭에 누워있었습니다. 그들을 하늘을 쳐다보며 별이 어떻게 생겼는지 상상하며 묘사하고 있었습니다.

　"저별은 멋지지. 저별이 맘에 들어." 첫째 소녀가 말했습니다.

　"저기 저별들 중 저별이 제일 좋아." 둘째 소녀가 손으로 가리켰습니다. 첫째 소녀는 하늘에서 가장 밝을 별을 가리키며 말했습니다. "난 가장 밝은 별을 제일 좋아해. 저별과 결혼하고 싶어."

　그날 저녁 둘은 다음 날 같이 나무 주우러 가기로 약속했습니다.

　다음 날 아침, 둘은 나무가 울창한 곳으로 갔습니다. 도중에 둘은 고슴도치가 나무에 오르는 것을 보았습니다.

　"저 나무에 올라 고슴도치를 잡아올게." 첫째 소녀가 말했습니다. 나무를 타고 올라갔지만 고슴도치를 잡을 수는 없었습니다.

　손을 뻗어 잡으려면 고슴도치는 조금 더 높이 올라갔습니다. 그리고 나무도 점점 크게 자랐습니다. 아래 있던 둘째 소녀는 친구에게 소리쳤습니다. "제발 내려와, 나무가 점점 커지고 있어!" "아냐." 첫째 소녀가 말했습니다. 고슴도치는 더 높이 올라갔고, 나무도 더 커졌습니다. 일이 돌아가는 모습을 다 지켜본 둘째 소녀는 마을로 돌아와 사람들에게 말했습니다. 마을 사람들이 나무로 달려왔지만 첫째 소녀

---

14) 샤이엔족(Cheyenne)은 와이오밍(Wyoming) 주에 거주했던 북미 인디언의 한 부족.

는 완전히 사라져버렸습니다.

나무는 계속 점점 더 높이 자랐습니다. 마침내 첫째 소녀는 다른 세상에 도착했습니다. 그녀는 나뭇가지에서 내려와 하늘 위를 걸어갔습니다. 친절해 보이는 중년남자가 그녀에게 말을 건냈습니다. 첫째 소녀는 울음을 터뜨렸습니다.

"도대체 왜 그러니? 간밤에 네가 나와 결혼하면 좋겠다는 말을 들었어. 내가 가장 밝은 별이거든." 그가 말했습니다.

첫째 소녀는 가장 밝은 별을 만나 기뻤고 그녀의 소원대로 그와 결혼하게 되자 다시 행복해졌습니다. 그는 소녀에게 별나라 다른 여인들과 함께 무뿌리를 캘 수 있다고 말했습니다. 하지만 상단에 푸른색이 많은 하얀 무는 주의하라고 말했습니다. 이런 종류를 캐서는 절대로 안 되고, 그랬다간 "주술사를 거역하는" 즉 하늘추장의 법을 어기는 것이라고요.

날마다 첫째 소녀는 무뿌리를 캤습니다. 하지만 이상한 하얀 무에 대한 호기심이 너무 강해서 하나 캐어보기로 결심했습니다. 그것을 캐는 데는 많은 시간이 걸렸습니다. 마침내 그 뿌리를 잡아당기자 큰 구멍이 생겨났습니다. 그 구멍을 들여다보았고 소녀는 저 아래 아득한 곳에 부족 사람들의 천막이 보였습니다.

아주 작게 보이기는 했지만 천막이랑 사람들이 걸어 다니는 모습을 볼 수 있었습니다. 자신의 부족 사람들을 보자마자 그녀는 향수병에 걸리고 말았습니다. 어떡하면 하늘에서 내려갈 수 있을는지? 지상으로 내려가는 길은 멀고도 멀다는 것을 잘 알고 있었습니다. 그때 그녀 옆에 자라난 길고 질긴 풀에 눈길이 갔습니다. 이것으로 긴 밧줄을 짤 수 있을까? 그녀는 시도해보기로 결심했고 매일 더 긴 풀을 뽑아서 밧줄을 짰습니다.

한번은 그녀의 남편인 가장 밝은 별이 물었습니다. "왜 그렇게 밖에서 시간을 많이 보내는 거요?"

"먼 길을 걸어서 피곤해서 그래요. 집으로 돌아오기 전에 앉아서 쉬어야 하거든요."

드디어 그녀는 튼튼한 밧줄을 완성했고, 그것이 충분히 길다고 생각했습니다. 통나무를 굴려 닻처럼 구멍 위에 교차시켰고 그곳에 밧줄 한쪽을 묶었습니다. 그녀는 밧줄을 타고 내려갔습니다. 밧줄이 마치 땅에 닿은 것 같았습니다.

소녀는 꼰 밧줄을 쥐고 구멍으로 몸을 낮추었습니다. 천천히 밧줄 끝까지 타고 내려가는데도 오랜 시간이 걸렸습니다. 그렇지만 밧줄은 지상에 닿지 않았답니다! 오랜 시간 공중에 대롱대롱 매달려 아무 소용도 없는 도움을 청해보았습니다. 더 이상 밧줄을 쥘 수 없게 되자, 소녀는 땅으로 떨어져 산산조각 나버렸습니다. 비록 그녀는 죽었지만, 태내의 아들은 죽지 않았습니다. 아들은 운석으로 만들어졌기 때문에 깨지지 않았습니다.

이 모든 일을 지켜본 들종다리는 별똥별 아기를 자기 둥지로 데려갔습니다. 거기서 종다리는 자신의 새끼들과 같이 아기를 키웠습니다. 새끼들이 크자, 별똥별은 새끼 새들과 같이 둥지를 기어 나왔습니다. 새들이 튼튼해지면 질수록, 별똥별도 더 건강해졌습니다. 곧이어 그들 모두 기어 나와 뛰어다녔습니다. 어린 새들이 나는 연습을 하는 동안 별똥별은 새들을 따라 뛰어다녔습니다. 그런 뒤에 어린 새들은 원하는 곳 어디든지 날아갈 수 있었고, 별똥별은 새들에게 지지 않으려고 점점 더 빨리 뛰었습니다.

"애야, 너의 부족이 사는 집으로 돌아가는 게 좋겠구나." 엄마 들종다리가 말했습니다. "이제 겨울을 나기 위해 남쪽으로 날아갈 때가 되었구나. 머지않아 여기 날씨는 아주 추워질 거야."

"들종다리 엄마" 별똥별이 물었습니다. "왜 저를 떠나보내려 하세요? 엄마랑 같이 가고 싶어요."

"애야, 안된단다." 그녀는 대답했습니다. "지금 집으로 가야해."

"들종다리 아빠가 활과 화살을 만들어주면 갈게요."

들종다리 아빠는 활을 만들었고, 화살을 만들기 위해 자신의 깃털 몇 개를 뽑았습니다. 그런 다음 별똥별에게 강하류에 있는 그의 집을 향해 오른쪽으로 떠나게 했습니다.

별똥별은 오랫동안 여행해서 부족 사람들이 사는 천막촌에 도착했습니다. 늙은 노파가 사는 가장 가까운 천막으로 갔습니다. "할머니, 마실 물 좀 주세요." 별똥별이 말했습니다.

"애야." 할머니가 말했습니다. "가장 빨리 달리는 젊은이만이 물을 얻을 수 있어. 수상괴물이 있는데 그놈은 가까이 오는 사람은 누구든지 삼켜버리거든."

"할머니, 버펄로 주머니와 버펄로 뿔국자를 제게 주시면 물을 떠올게요."

"애야, 많은 젊은이들이 수상괴물에게 당했다고 네게 경고했잖니. 또 네가 죽을까봐 두렵구나."

그러나 할머니는 그가 요구했던 것들을 주었습니다. 상류로 올라가 괴물을 계속 주시하면서 동시에 물을 길었습니다. 별똥별이 물통을 가득 채우자마자 괴물이 물위로 머리를 내밀었습니다. 입이 무지막지 큰 놈이었습니다. 숨을 들이마시면서 별똥별, 물통, 물, 국자를 끌어들였습니다. 별똥별은 자신이 괴물 배속에 있다는 것을 깨달았을 때, 이미 삼켜진 다른 사람들도 모두 보였습니다. 별 돌을 가지고 별똥별은 괴물 옆구리에 구멍을 냈습니다. 모든 사람들이 기어 나왔고, 별똥별은 할머니에게 시원하고 신선한 물을 떠갈 주머니와 국자도 되찾아왔습니다.

"애야, 넌 누구니?" 할머니는 그가 살아서 돌아오자 놀라서 물었습니다.

"할머니, 전 별똥별이랍니다. 사람들을 아주 괴롭혔던 괴물도 제가 처치해서 괴물이 삼켜버렸던 사람들도 모두 구했답니다."

노파는 마을 알림이에게 말해 괴물이 죽었다는 좋은 소식을 퍼뜨리게 했습니다. 별똥별이 이곳 천막촌 사람들의 목숨을 구했기에 그는 할머니에게 다시 물어봤습니다. "근처에 다른 천막촌도 있나요?"

"그럼, 하류로 조금만 더 가면 있지." 그녀가 말했습니다.

별똥별은 활과 화살을 갖고 그 마을을 떠났습니다. 이제 가을이 왔습니다. 여러 날 여행한 후, 그는 다른 천막촌에 도착했지요. 다시 한 노파의 천막으로 갔고, 노파는 화롯불 옆에 앉아 있었습니다.

"할머니, 배가 고픈데요." 그가 말했습니다.

"아이고, 애야, 먹을 게 없구나. 버펄로 고기를 얻을 수가 없단다. 사냥꾼이 버펄로를 잡으러 갈 때마다, 거대한 흰까마귀가 버펄로에게 경고해서 내쫓아버린단다."

"정말 안됐군요." 그가 말했습니다. "제가 도와드릴게요. 나가서 털이 조금 달린 낡은 버펄로 옷을 구해 보세요. 추장님께 말해 가장 빨리 달리는 두 사람을 골라 제게 보내주세요."

잠시 후, 노파는 옷과 두 명의 빠른 주자들을 데리고 함께 돌아왔습니다. 별똥별은 그들에게 계획을 말해주었습니다. "내가 그곳으로 가서 버펄로를 기다릴게요. 버펄로 떼가 달리면 난 이 낡은 옷을 입어 버펄로로 변장해서 따라 갈거예요. 당신 둘은 나와 버펄로를 쫓아 장거리를 달려야 해요. 당신들은 나를 추월하며, 나에게 화살을 쏘아야 합니다. 난 죽은 척 할거예요. 나를 공개적으로 베는 척하고는 그 땅에 나를 놓아두세요."

진짜 버펄로가 도착하자, 흰까마귀는 그들 위에서 날면서 소리쳤습니다. "사람들이 몰려와! 사람들이 바로 뒤에 있어! 뛰어, 뛰어!" 버펄로 떼는 뛰었고 초라한 모습의 수컷 버펄로도 뒤따라 달렸습니다.

두명의 빠른 주자들이 계획대로 늙은 수컷을 쫓아갔습니다. 모든 종류의 새, 늑대, 코요테들이 사방에서 시체를 찾아왔습니다. 그 중에는 흰까마귀도 있었습니다. 흰까마귀가 변장한 별똥별 위를 날며 날카롭게 소리쳤습니다. "이건 별똥별 같은데?"

한참을 까마귀는 시체 위를 날면서 끊임없이 소리쳤습니다. "이건 별똥별 같은데?" 매번 비행할 때마다 조금씩 가까워졌습니다. 충분히 가까이 오자 별똥별은 벌떡 일어나 흰까마귀의 다리를 움켜잡았습니다. 다른 모든 새와 동물들은 사방으로 뿔뿔이 흩어졌습니다.

별똥별이 포획한 흰까마귀를 할머니가 있는 집으로 데려오자, 할머니는 추장에게 전갈을 보냈습니다.

"흰까마귀를 우리 천막으로 가져와야겠어. 연기 구멍에게 그놈을 묶어서 질식시켜 죽여야겠어." 추장이 말했습니다.

그 후로 선량한 샤이언족은 버펄로를 많이 잡을 수 있었고, 부족이 필요한 양만큼의 버펄로 고기를 먹었습니다. 사람들은 고마움을 표하기 위해 별똥별에게 아름다운 천막집과 예쁜 인디언 처녀를 선물했습니다. 그녀는 그의 아내가 되기 위해 집에서 기다리고 있었습니다. 그들은 북부 샤이언 인디언 부족으로의 삶을 살았습니다.

지상에서 자라는 옥수수 (아리카라)[15]

옛날에 거인들이 지상에 살았습니다. 그들은 너무 강해서 무서울 게 없었습니다. 그들이 사방신에게 담배를 주지 않자, 네사루는 그들을 경멸하며 화를 냈습니다. "거인을 너무 강하게 만들었나봐." 네사루가 말했습니다. "그들을 지켜주지 않겠어. 자기들과 내가 같다고 생각하잖아. 지상을 물로 덮어서 파괴시켜 버려야지. 하지만 일반사람은 구해야지."

네사루는 동물들을 보내 일반사람들을 동굴로 안내하도록 했습니다. 동물과 사람들이 함께 살 수 있을 정도로 동굴은 아주 넓었습니다. 네사루는 동굴을 막은 후 모든 거인이 익사하도록 지상에 홍수를 일으켰습니다. 사람들이 지하에서 홍수가 사라진 후 구해주길 기다리고 있다는 것을 상기하기 위해 네사루는 하늘에 옥수수를 심었습니다. 옥수수가 익자마자 밭에서 옥수수 이삭을 하나 가져와 여자로 만들었습니다. 그녀가 어머니옥수수였습니다.

"지상으로 내려가 지하에 있는 사람들을 꺼내줘라. 그들의 집이 서쪽에 있기 때문에 그들을 태양이 지는 곳으로 인도해라." 네사루가 그녀에게 말했습니다.

어머니옥수수는 지상으로 내려갔고, 동쪽의 천둥소리가 들리자, 그 소리를 따라 사람들이 기다리는 동굴로 갔습니다. 하지만 입구가 그녀 뒤에서 닫혀버리자, 사람들을 지상으로 인도할 길을 찾을 수 없었습니

---

15) 아리카라족(Arikara)은 포니(Pawnee)계 북미 인디언의 한 부족: 현재 다코타(Dakota)주에 거주.

다. "우린 이 곳, 이 어둠 속에서 빠져나가야만 해." 그녀는 사람들에게 말했습니다. "땅 위에는 빛이 있어. 누가 나를 도와 사람들을 지상으로 데려가겠소?"

오소리가 앞으로 나와 말했습니다. "어머니옥수수 제가 도울게요." 두더지가 일어서서 말했습니다. "빛을 볼 수 있도록 오소리가 땅을 파는걸 도울게요." 그러자 긴코쥐가 와서 말했습니다. "제가 둘을 도울게요."

오소리가 위쪽으로 땅을 파기 시작했습니다. 얼마 후 그는 지쳐 쓰러졌습니다. "어머니옥수수, 전 너무 지쳤어요." 오소리가 말했습니다. 그러자 두더지가 능력이 닿는 데까지 땅을 팠습니다. 긴코쥐가 두더지를 대신했고, 그가 지치면 오소리가 다시 파기 시작했습니다. 셋이 번갈아 파자, 마침내 긴코쥐는 자신의 코를 땅 밖으로 내밀어 작은 불빛을 볼 수 있었습니다.

두더지가 돌아와 말했습니다. "어머니옥수수, 코를 땅 밖으로 내밀어 불빛을 봤습니다. 그런데 땅을 파느라고 제 코가 작고 뾰족해지고 말았습니다. 이 다음에 사람들은 모두 제 코를 보고 최초로 땅을 판 자가 저라는 걸 알게 되겠지요."

두더지는 당장 구멍을 향해 올라갔고 가는 내내 땅을 팠습니다. 태양이 동쪽에서 떠오르자 빛이 너무 밝아서 두더지 눈을 멀게 했습니다. 그는 다시 달려와 말했습니다. "어머니옥수수, 가장 밝은 태양이 저를 눈멀게 했습니다. 더 이상 지상에서 살수 없습니다. 지하에 집을 지어야겠어요. 이제부터 두더지는 모두 눈이 멀어 낮에는 볼 수 없고 밤에만 볼 수 있답니다. 두더지는 낮에는 땅속에서 지낼 겁니다."

다음에 오소리가 올라가며 구멍을 좀 더 넓게 만들자 사람들이 빠져나갈 수 있었습니다. 오소리가 밖으로 기어 나오자 그는 눈을 감았습니다. 그러나 태양 빛이 발을 검게 만들고, 얼굴에 검은 줄을 만들었습니다. 오소리는 내려와 말했습니다. "어머니옥수수, 전 이대로 있는 게 좋겠습니다. 사람들은 자신들이 나갈 수 있도록 도와준 자들 중에 하나가 저라는 것을 기억할거예요."

"좋아, 네 말대로 하거라." 어머니옥수수가 말했습니다.

그런 다음 그녀는 밖으로 나갔고, 사람들은 이제 광활한 땅위에 자신들이 서있다는 것을 알고 기뻤습니다. 사람들이 태양 아래 서있는 동안, 어머니옥수수는 말했습니다. "여러분 이제 우리는 태양이 지는 곳을 향해 서쪽으로 여행을 떠날 겁니다. 떠나기 전에 오소리, 쥐, 두더지처럼 여기 남고 싶은 자는 그렇게 하십시오." 일부 동물들은 땅속 자신의 굴로 돌아가기로 결정했습니다.

이제 여행이 시작되었습니다. 여행을 하면서 그들은 눈앞에 솟아오른 산악지대를 보았습니다. 깊은 협곡으로 갔습니다. 절벽이 너무 가팔라서 사람들은 내려가지 못했습니다. 내려간다 손쳐도 맞은편에 있는 절벽이 너무 가팔라서 오를 수가 없었습니다. 어머니옥수수가 도움을 청하자 푸르슴한 잿빛의 새가 날아와 재빠르게 날개짓하며 공중을 날았습니다.

새는 큰 부리와 숱이 많은 볏과 줄무늬 가슴을 갖고 있었습니다. 물총새였습니다. "어머니옥수수, 제가 바로 당신에게 길을 가르쳐 드릴게요." 새는 말했습니다.

물총새는 협곡 맞은편으로 날아갔고 흙이 갈라질 때까지 부리로 되풀이하며 제방을 쪼아댔습니다. 그런 다음 다시 날아와 충분히 흙이 떨어져 다리가 만들어질 때까지 맞은편 제방을 쪼아댔습니다. 사람들은 감사하다고 크게 소리쳤습니다. "나와 합류하고 싶은 자들은 여기 남으세요. 우린 이 절벽에 집을 지을 거예요." 물총새가 말했습니다. 일부는 남았고 대부분은 여행을 계속했습니다.

얼마 후 또 다른 장애물 즉 어두운 숲이 나타났습니다. 나무들은 너무 커서 태양에 닿을 지경이었습니다. 너무 밀집해 있어서 빽빽한 덤불을 이룰 정도로 가시투성이였습니다. 다시 어머니옥수수는 도움을 청했습니다. 이번에는 올빼미가 와서 그녀 앞에 서서 말했습니다. "사람들이 숲을 관통할 수 있게 오솔길을 만들어 드릴게요. 나와 함께 남고 싶은 자는 그렇게 하도록 하세요. 그러면 우린 영원히 이 숲에서 살아갈 거예요." 그러고 나서 올빼미는 숲을 관통해 날아갔습니다. 올빼미가 날개짓을 하자 나무들이 한쪽으로 이동했고 사람들이 지나갈 오솔길이 생겨났습니다. 그러자 어머니옥수수는 사람들을 인도해 숲을 지나 앞으로 계속 나아갔습니다.

그들이 그 지역을 통과하자 갑자기 큰 호수가 나타났습니다. 물이 너무 깊고 넓어서 건너갈 수 없자, 사람들은 돌아가자고 말들을 했습니다. 그러나 그렇게 할 수도 없었습니다. 왜냐면 네사루가 어머니옥수수에게 사람들을 언제나 서쪽으로 인도하라고 명령했기 때문입니다. 검은 머리와 바둑무늬 등을 한 물새가 와서 어머니옥수수 앞에 서서 말했습니다. "저는 아비라고 합니다. 이 물을 건널 수 있게 길을 만들어드릴게요. 사람들보고 울지 말라고 하십시오. 제가 도와드릴게요."

어머니옥수수는 아비를 쳐다보며 말했습니다. "우릴 위해 길을 만들어주면 몇 명은 당신과 함께 이곳에 남을 거예요." 아비는 날아서 물속으로 뛰어들고는 아주 잽싸게 움직여서 물을 갈라놓았습니다. 그리고 물 반대편으로 나오자 길이 뒤에 생겨났습니다. 어머니옥수수는 사람들은 인도해 호수를 가로질러 마른 땅으로 가자 몇 명은 뒤돌아가 아비와 합류하였습니다. 나머지는 여행을 계속했습니다.

마침내 그들은 강이 옆에 흐르는 평지에 이르렀습니다. 어머니옥수수는 사람들에게 거기에 마을을 세우자고 말했습니다. "이제 내 옥수수를 심으세요."라고 그녀는 말했습니다. "옥수수를 먹으며 당신들은 성장하고 번창할 겁니다." 사람들은 마을을 세우고 옥수수를 심자 어머니옥수수는 하늘나라로 돌아갔습니다.

그러나 사람들은 따라야할 규칙이나 법도 없었고, 그들에게 조언해 줄 추장이나 주술사도 없었습니다. 그래서 곧장 게임을 하면서 시간을 보냈습니다. 그들이 한 최초의 게임은 시니(shinny ball: 필드 하키와 유사한 게임), 말하자면, 양팀으로 나눠 곡선 막대기로 상대방 골대에 공을 치는 게임이었습니다. 그다음으로는 땅에 놓인 원에 창을 던지는 게임을 했습니다. 시간이 지나면서, 게임에 진 사람들은 너무 화가 나서 이긴 자들을 죽이려 했습니다.

사람들의 행동을 보고 불쾌한 네루사는 어머니옥수수와 함께 지상으로 내려왔습니다. 살아가는 법을 사람들에게 가르치기 위해 추장 한 명과 몇 명의 주술사가 있어야겠다고 말했습니다. 네사루는 사람들에게 용맹과 지혜를 겨루는 시험을 치러 추장을 선발하는 법을 가르쳤고, 어머니옥수수는 노래와 의식을 가르쳤습니다. 사람들이 추장을 뽑은 후에 네사루는 그 남자에게 자신의 이름을 주었고 주술사들에게는 비법을 가르쳤습니다. 네사루는 사람들에게 어떻게 파이프를 만들어 사방신들에게 담배를 바치는지 가르쳐주었습니다.

이 모든 것이 끝나자, 네사루는 새로운 마을을 세우기 위해 지는 해 쪽으로 떠났습니다. 어머니옥수수는 당장 평야와 개울들을 가로질러 네사루가 주술사들을 위해 뿌리와 약초를 심은 지역으로 사람들을 인도했습니다. 거기에 사람들은 강을 따라 마을을 세웠습니다. 후에 백인들은 그 강을 이 캔자스 주에 있는 리퍼블릭칸 강이라고 불렀습니다.

사람들이 이 지역으로 온 첫날, 어머니옥수수는 하늘에 있는 신들과 모든 동물신들에게 담배를 바치라고 말했습니다. 사람들이 그렇게 하는 동안 한 마리 개가 천막촌 안으로 뛰어와 짖어댔습니다. 어머니옥수수가 떠나면서 자기를 남겨놓은 것은 잘못이라고 개는 그녀를 비난했습니다. "난 태양에서 왔어." 개가 말했습니다. "태양신은 내가 남아있자 아주 화가 났어. 태양신은 회오리바람을 보내 사람들을 뿔뿔이 흩어지게 할 거야."

어머니옥수수는 개에게 회오리바람을 달래서 사람들을 구해주길 요청했습니다. "내가 자유를 포기해야지만 난 그렇게 할 수 있어." 개는 대답했습니다. "그러면 더 이상 난 내 형제 늑대처럼 혼자서 사냥할 수도, 코요테처럼 맘대로 돌아다닐 수도 없을 거야. 난 늘 사람들에게 의지하며 살아가야 할 거야." 그러나 회오리바람이 일어나 땅을 가로지르며 으르렁거릴 때 개는 회오리바람과 사람들 사이에 서서 회오리바람에게 소리쳤습니다. "난 사람들과 함께 있을 테다. 난 사람들의 모든 재산을 지키겠다."

바람이 사라진 후에 어머니옥수수는 말했습니다. "신들은 질투심이 많아. 그들에게 담배 바치는 것을 잊는다면 신은 화가 나서 폭풍우를 보낼 거다."

강 옆의 비옥한 대지에 사람들이 그녀의 옥수수를 심자 그녀는 말했습니다. "내가 당신들에게 삶을 갖다 준 어머니옥수수임을 상기시키기 위해 난 삼나무로 변할 것이다. 동쪽에서 당신들을 데려온 자는 바로 나, 어머니옥수수이다. 난 삼나무가 되어 당신들과 함께 있을 거다. 그 나무 오른편에는 사람들에게 질서와 지혜를 갖다 준 네사루를 기억하기 위해 돌을 올려놓아라." 다음날 아침, 완전히 자란 삼나무가 사람들 천막 앞에 서있었습니다. 그 옆에는 큰 돌이 있었습니다. 어머니옥수수와 네사루는 언제나 위에서 사람들을 살펴보며 지켜주고 장수하게 해준다고 그들은 믿었습니다.

밤의 노래 (나바호)[16]

옛날 옛날 삼형제는 '사람들'을 의미하는 다인(Dine) 또는 디네 (Dinneh)라고 알려진 부족과 살았습니다. 맏이는 부자였습니다. 둘째 는 도박판이나 기웃거리는 제멋대로인 투기꾼이었습니다. 막내는 한창 자라는 소년이었습니다. 그들에게는 단 한명의 누이가 있었는데 결혼 하여 남편과 함께 삼형제와 그리 멀지 않은 곳에 살았습니다.

둘째는 종종 형의 재산을 갖고 먼 땅 구석구석까지 찾아가 도박을 했습니다. 돌아오자마자, 그는 자신이 본 놀라운 것들과, 수많은 흥미 로운 것들을 보여줬던 성인들에 대해 말했습니다. 형제들은 그의 말을 결코 믿지 못했습니다. 형제들은 그를 "몽상가"라는 뜻인 비스 아하 티니(Bith Ahatini)라고 불렀습니다.

하루는 형제들은 사냥을 떠나고 싶었지만 몽상가인 둘째와는 함께 가고 싶지 않았습니다. 둘째에겐 말도 꺼내지 않고, 두 형제는 매형에 게 함께 가길 청했습니다. 그들이 집을 떠난 지 나흘이 지나갈 즈음 에서야, 몽상가는 자신이 속았다는 사실을 갑자기 깨달았습니다. 그래 서 당장 그 사냥꾼들을 찾아 나섰습니다. 바라건대, 그는 그들을 만나 서 사냥감을 옮기는 걸 돕고, 나아가 보상으로 한두 장의 가죽 옷이 나 받았으면 했습니다.

멀리까지 갔지만 태양이 멀리 언덕 뒤로 사라질 때까지도 몽상가는

---

16) 나바호족(Navaho)은 북미 인디언 중 아사파스칸(Athapascan)계인 남 부의 주요 부족: 뉴멕시코(New Mexico)주 및 애리조나(Arizona)주 에 거주하며, 현재는 미국 최대 부족을 이루고 있다.

그들을 찾지 못했습니다. 그 가까이에는 암벽으로 둘러싸인 깊은 협곡이 있었는데, 깊은 곳에서 수많은 목소리가 섞인 소리가 흘러나왔습니다. 몽상가는 가장자리로 걸어가 드려다 보았습니다. 앞뒤로 한쪽 끝에서 다른 쪽까지 셀 수 없을 만큼 많은 까마귀들이 날아다녔습니다. 까마귀들은 맞은 편 벽에 난 구멍을 드나들고 있었습니다.

어둠이 만물을 가리자, 몽상가는 인간의 목소리가 커다랗게 밑에서 부르는 걸 들었습니다. "이 봐! 이 봐! 이 봐!"

멀리 저편에서 대답이 들렸습니다. "그래, 그래! 무슨 일이야?"

"오늘 두 명 죽었어." 목소리가 답했습니다.

"누군데? 누구야?"

첫 번째 목소리가 답했습니다. "지상에 인간들이, 동틀 때 마나하일이히(Ana-hail-ihi)를 죽였고, 해질 무렵 이작이즈히(Igak-izhi)를 죽였어. 먹이를 구하러 왔는데 사냥꾼들이 그들에게 활을 쐈어. 유감스럽게도, 그들에게 주의하라고 말했지만 조심하지 않았어. 이젠 너무 늦어 도울 수도 없어. 노래나 계속하자고."

어둠 속에서 몽상가는 겁에 질려있었지만 계속 머무르며 귀담아 들으며 보았습니다. 희미한 노래 선율이 협곡 벽마다 난 구멍에서 흘러나왔습니다. 신들이 노래하고 있습니다! 그리고 구멍 안에서 불빛이 새어나와 들여다보니 많은 무용수들이 딸랑이로 박자를 맞추며 일제히 공연을 하고 있었습니다.

밤새도록 불빛이 벽에서 벽으로 깜박거렸고 노래와 춤이 계속되었습니다. 날이 밝자, 무용수들은 떠났고, 몽상가도 사냥꾼들을 찾아 나섰습니다.

얼마 안가, 그는 형제들을 찾았습니다. 그들은 사냥 꾸러미가 무거워 쉬고 있었습니다.

"몽상가가 오는군." 맏이가 말했습니다. "쟤는 틀림없이 우리에게 뭔가 놀라운 말을 할 거야."

처음 몽상가를 맞이해 준 사람은 매형이었습니다. "간밤엔 이 근처에서 잤겠구만. 여긴 집에서 멀리 떨어져 있어 동틀녘부터 걸어 올 수는 없는 먼 거리거든."

"확실히 성스러운 협곡 근처에서 잤어요." 몽상가가 대답했습니다. "많은 사람들이 모여 춤추고, 신들이 노래하고 그리고……"

"많은 사람들이 모여 춤을 추고, 신들이 노래하고, 그리고 …"

"자, 이봐! 쟤는 거짓말 할 거라고 내가 말했지." 맏형이 중간에 끼어들었습니다. 그는 꾸러미를 집어들고 출발했습니다.

"계속하게나." 매형이 재촉했습니다. "나머지도 말해 주게."

막내도 믿지 않았으므로 꾸러미를 매고 걷기 시작했습니다. 매형이 관심을 보이자, 몽상가는 그가 보고 들은 걸 모두 말했습니다. "매형과 내 형제가 그들이 말하던 사람들을 죽인 게 틀림없어요." 몽상가는 이야기를 마치면서 말했습니다.

"아, 아냐! 그건 우리가 한 짓이 아니야." 매형이 주장했습니다. "우린 사람을 죽이지 않았어. 어제 아침 우리 가운데 한 명이 까마귀를 쐈고, 어젯밤엔 우리가 까치를 한 마리 죽였어. 하지만 사람을 해치진 않았어."

"두렵게도 해쳤답니다." 몽상가가 말했습니다. "그들은 형들처럼 신들을 위해 고기를 찾아나선 사냥꾼들이었습니다. 그때, 그들은 새로 변장을 했거든요." 몽상가가 설명했습니다.

두 남자가 나머지 형제를 따라잡았을 때, 막내가 매형에게 물었습니다. "멋진 이야기 들으셨어요?"

"거짓말이 아니야." 매형이 반박했습니다. "우리 어제 까마귀랑 까치를 잡았잖아. 성자들이 어젯밤 협곡에서 그 얘길 하더래. 저기. 산양 네 마리가 오고 있어. 서둘러!" 그가 몽상가에게 말했습니다. "서둘러 그들을 막아!"

그들이 협곡에 도착했을 때 이상한 목소리가 들렸습니다. 네 마리의 양이 큰 자갈길을 따라. 협곡 밖으로 조심스레 나가고 있었습니다. 세 명의 사냥꾼도 뒤로 물러나자. 몽상가는 먼저 달려가 오솔길 위에 숨었습니다.

양들이 다가오자. 그는 활을 꺼내어 우두머리 양의 심장을 겨눴습니다. 그런데 손가락이 활시위에서 떼어지지 않아 양들은 지나가 버렸습니다. 그는 협곡 가장자리 위를 기어올라 다시 우두머리 양 앞으로 갔습니다. 하지만 양들이 그 앞을 지날 때. 활시위가 손가락에 붙어 떨어지지 않았습니다. 양들을 잡으려는 세 번째 시도도 수포로 돌아갔고, 네 번째 노력도 실패했습니다.

그는 자신과 양에게 욕설을 퍼부었더니 갑자기 조용해졌습니다. 그가 본 건. 다름 아닌 네 명의 신이었습니다. 신들이 양으로 변신했던 것입니다.

우두머리가 그에게 뛰어 올라와 바릴(balil)(사각형의 네 토막으로 접힌 지팡이)로 앉아있던 몽상가를 쳤습니다. 곧이어 기괴한 울음소리를 냈습니다. 즉시 다른 세 명의 신이 우두머리 뒤에 나타났습니다. 모두 가면을 쓰고 있었습니다.

"어디서 오셨나요?" 몽상가가 물었습니다.

"키니니카이(Kinni-nikai)" 우두머리가 대답했습니다.

"어디로 가시나요?"

"태이길(Taegyil)로, 지금부터 나흘간 또 다른 노래를 얻기 위해 간다. 같이 갈래?"

"아뇨, 나흘 안에 그렇게 먼 길을 여행할 수 없을 걸요."

하지만 좀 더 설득을 하자, 몽상가는 간다고 해버렸습니다. 몽상가에게 옷을 벗으라고 말했고, 몽상가가 그 명을 따르는 동안 우두머리가 그에게 숨을 내뿜었습니다. 그러자 몽상가의 복장이 네 명의 신들의 복장과 똑같아졌습니다. 모두가 동쪽으로 네 걸음을 옮기자 양으로 변했고 협곡 가장자리를 따라 날아갔습니다.

숨어있던 사냥꾼들은 몽상가가 돌아오지 않자 불안해졌습니다. 그래서 몽상가를 마지막으로 보았던 길이 보이는 곳으로 가보기로 했습니다. 아무도 보이지 않았습니다. 사냥꾼 중 한명이 몽상가가 처음 양 근처에서 숨어있었던 바위로 갔습니다. 발자국을 따라 이 은신처, 저 은신처를 따라가다 네 번째이자 마지막 은신처에 이르렀습니다.

거기서 몽상가의 활과 화살이 있는 그의 옷을 발견했습니다. 그는 동쪽으로 난 네 명의 인간 발자국을 추적했고, 그 발자국들이 다섯 마리 산양의 발자국과 뒤섞여 있다는 것을 알아차렸습니다. 맏형이 자책하며 울었습니다. 그는 늘 몽상가를 비웃었는데, 이제 자신이 틀렸다는 것을 깨달았습니다.

산양으로 변신한 신과 몽상가는 나흘간 아주 멀리 여행을 했습니다. 나흘만에 그들은 흙을 덮어 만든 나바호족들의 거처인, 커다란 '호건'에 도착했습니다. 안에는 많은 성자들과 신들과 인간들이 있었습니다.

몽상가가 그의 네 친구들과 들어서자, 안에 있던 사람들이 즉시 지상의 냄새가 난다고 불만을 터뜨렸습니다. 막 도착한 우두머리는 밖으로 몽상가를 데리고 나와 유카 뿌리 비눗물로 그를 씻겼습니다.

'호간' 안에는 네 개의 커다란 보석 기둥이 서 있었는데, 그 위엔 신들의 가면이 걸려 있었습니다. 동쪽 기둥에는 하얀 조가비로 만든 것이, 남쪽 기둥엔 터키옥으로 만든 것이, 서쪽에는 전복으로 만든 것이, 북쪽에는 흑옥으로 만든 것이 걸려 있었습니다. 보석이 박힌 두 개의 담뱃대가 호간 서쪽에 앉아 있는 신 옆에 놓여 있었습니다. 그는 두 개의 담뱃대를 채우고 불을 붙여서, 그의 오른쪽과 왼쪽으로 하나씩 돌렸습니다.

'호간' 안에 있던 모든 사람들이 담배를 피웠고 마지막으로 담뱃대를 받은 자는 동쪽 입구 양쪽에 앉아 있던 두 마리의 큰 올빼미였습니다. 담배를 핀 자들은 각각 연기를 깊이 들여 마시곤 힘차게 내뿜었습니다. 연기가 피어오르는 동안 사람들은 사방에서 들어왔습니다.

자정이 되자, 번개가 치고 천둥이 울리면서 비가 심하게 내렸습니다. 모두 워터 스프링클러(Water Sprinkler)가 보낸 것들이었습니다. 그는 춤이 시작되기 전까지 춤에 대해 아무 것도 듣지 못하자 화가 났습니다. 하지만 성자들이 피운 담배연기가 금세 그를 진정시켰습니다. 이내 노래가 시작되었고 아침까지 계속되었습니다.

일부 신들은 하얀 사슴가죽에 아름다운 그림을 그렸습니다. 이것들은 나바호족이 오늘날까지 염색모래로 그리는 그림들과 비슷했습니다. 이 그림들은 노래가 계속되는 며칠 동안 '호간' 바닥 위에 펼쳐져 있었습니다.

사방에서 온 사람들은 함께 마지막 춤의 날이 시작되었습니다. 공연 내내, 몽상가는 노래, 기도, 그림, 춤동작, 이 모든 것에 주의 깊은 관심을 보였습니다. 그는 춤에 사용된 모든 신성한 도구(모양, 색상,

크기 등)를 자세하게 검토했습니다. 노래가 끝났을 때, 그는 키에제 하탈(Kieje Hatal), 즉 "밤의 노래" 의식에 관한 모든 세부사항들을 배웠습니다.

신들은 몽상가에게 그의 부족들에게 돌아가 남동생과 함께 노래를 부르고, 병이나 악으로 고통 받는 자들을 위해 의식을 행할 수 있을 정도 머물다 오게 했습니다. 의식을 마치는데 아흐레가 걸렸습니다.

그리고 몽상가는 타에길(Taegyil)에 있는 신들에게로 돌아왔습니다. 그의 동생은 지상의 형제들인 나바호족에게 그 의식을 가르쳤습니다. 나바호족은 "밤의 노래"를 뜻하는 키에제 하탈(Kieje Hatal) 혹은 "아버지 신들의 노래"란 뜻인 예비차이 하탈(Yebichai Hatal)이란 이름으로 의식을 행하고 있습니다.

태양을 따라간 삼형제 (세네카)[17]

사람들이 많이 살지 않았던 옛날 일입니다. 결혼하지 않은 삼형제는 사냥을 하면서 지냈습니다. 젊었을 땐 사냥하는 것이 즐거웠지만, 나이가 들어감에 따라 그것도 시들해지는 듯 했지요. 막냇동생은 새로운 경험을 하기 위해 하늘과 넓고 짠 바다가 맞닿는 지구 끝까지 걸어가자고 제안했습니다. 바다 서쪽에는 섬이 있었습니다.

두형은 좋은 계획이라고 생각했습니다. 모든 준비가 끝나자 삼형제는 여행을 떠났습니다. 여러 해가 지나는 동안 그들은 계속 갔고 많은 일을 겪었습니다. 하지만 그들은 오직 서쪽을 향해 계속 나아갔습니다.

마침내 삼형제는 태양이 하늘가로 사라지는 곳에 이르렀습니다. 하늘은 거기서 뒤섞이더니만 물속으로 사라졌습니다. 한 달간 진을 치고 무슨 일이 일어나는지 지켜보았습니다. 태양이 어떻게 하늘가로 내려가 이내 사라지는 지를 보기만 했습니다. 몇 사람이 하늘가로 가려고 애쓰는 것도 보았지만, 태양이 너무 빨리 가라앉는 바람에 그들은 뭉개지고 말았습니다.

하늘이 나타나면 수면이 낮아지고, 하늘이 물속으로 사라지면 수면이 높아진다는 것을 삼형제는 깨달았습니다. 막내는 태양의 길 아래로 태양이 사라질 때 하늘가로 가야한다고 했습니다. 하지만 맏형은 이 현상들이 사악한 신비라고 생각하여, 주저하였습니다.

---

17) 북미 인디언의 한 종족인 세네카(Seneca)족.

누군가의 의견을 기다릴 것도 없이, 막내는 하늘가로 돌진해 갔고 그 가장자리가 아주 두껍다는 것을 알았습니다. 둘째가 재빨리 막내를 따라갔습니다. 그들은 물을 헤치고 태양길을 계속해서 갔습니다. 맏형은 바라만 보다가 아무도 동생들을 해치지 않자, 동생들을 따라 달리기 시작했습니다.

동생들이 안전한 곳에 먼저 이르러 형을 응원했지만, 순간 하늘이 태양의 길에서 내려가기 시작하더니 형을 뭉개버렸습니다. 그들은 순간 그의 영혼이 떠나는 것을 보았습니다. 남은 두 형제는 너무 너무 슬펐습니다.

반대편 하늘가에선 모든 게 달랐습니다. 그들 앞에 거대한 언덕이 흐릿하게 나타났고, 그 언덕을 내려가자 멀리 매우 큰 마을이 보였습니다. 한 사내가 그들을 향해 달려왔습니다. 그는 다가와선 "어서 오너라!"하고 소리쳤습니다. 그는 다름 아닌 그들의 맏형이었습니다.

동생들이 물었습니다. "형, 어떻게 이리 빨리 도착했어? 우린 형이 오는 걸 보지 못했는데."

"너무 뒤쳐져서, 영혼길로 왔지"하고 형이 대답했습니다.

한 노인이 그들을 향해 걸어오고 있는 게 보였습니다. 그의 육체는 젊고 강건하지만 머리는 길고 하얬습니다. 그는 아주 늙어 보였고, 지혜로운 얼굴에 추장 같은 자태를 하고 있었습니다. "내가 하늘 위 세상(Above-the-Sky-Place) 사람들의 아버지요", 하고 노인이 말했습니다.

"하웨니우(Haweni'u)가 내 아들이라오. 내가 여기서 오래 살았기 때문에 충고하고 싶소. 난 여기서 늘 살았지만, 하웨니우는 섬에 있는 여인에게서 태어났소. 여러분이 내 아들을 만나거든, '니아눼스카노'라고 바로 소리치시오. 만나는 순간 바로 그렇게 말하지 못하면, 아들이 '너희들은 내 것이다'하고 말할 것이고 여러분도 형처럼 영혼이 되어버릴 것이오."

삼형제는 길을 재촉하여 흰 나무껍질로 지은 높은 집에 이르렀습니다. 그들은 통로를 지나 문으로 올라갔습니다. 키 큰 사내가 나오자, 형제들은 주문을 외웠습니다. 그 큰 사내가 말했습니다. "이놈들아, 내 오랫동안 너희들을 지켜보고 있었다." 형제들은 집안으로 들어갔습니다. 안에 들어서자 큰 사내가 말했습니다. "너희들 육신은 어떠냐?"

"좋습니다", 하고 형제들이 대답했습니다.

"사실을 말하지 않는군", 하고 큰 사내가 말했습니다. "나 하웨니우는 너희들의 육체에 대해 훤히 알고 있어. 너희들 한명 누워 봐. 차례대로 정화시켜주지."

한 명이 누웠고, 하웨니우가 작은 조개껍질을 입에 물고 누운 형제의 입에 올려놓았습니다. 그는 누운 형제의 목을 두드리고 진흙으로 조가비를 채웠습니다. 하웨니우는 형제의 가죽을 벗기기 시작했습니다. 근육을 발라내고 이어 뼈를 추려내었습니다. 그는 내장을 꺼내어 씻었습니다. 그러고 나서 그는 다시 사람의 모형으로 맞춰나갔습니다. 그는 진흙을 털어내곤 목을 문질렀습니다. 그는 두 형제 모두에게 이 일을 마치곤, 앉아 말했습니다. "잠을 잔 것 같을 거야. 너희들 육신의 모든 힘이 갱신되었다. 시험해 보자꾸나."

형제들은 하웨니우을 따라 두터운 울타리로 둘러싸인 나무숲에 이르렀습니다. 온갖 종류의 꽃들이 지천으로 피어있었습니다. "나의 사슴아 이리 온", 하고 하웨니우가 말했습니다.

넓은 뿔을 지닌 커다란 수사슴이 그들을 향해 달려왔습니다. "제일 빠른 녀석이지. 이 녀석을 따라잡아 보아라"하고 하웨니우가 말했습니다.

두 형제는 사슴을 쫓아가더니 추월하여버렸습니다. "그가 우리에게 굉장한 속력을 줬어"하고 형제는 말했습니다. 그들은 곧 자신들이 그 밖에 많은 초능력을 가지고 있다는 걸 알게 되었고, 큰 사내는 그날 그 모든 능력을 시험해 보았습니다.

그들은 하얀 집으로 돌아왔고, 형제는 그들을 향해 한 전령이 달려오는 걸 보았습니다. 커다랗고 밝은 빛을 널찍한 가슴에 달고 있었습니다. 아주 눈부신 빛이었습니다. 알 수 없는 언어로 그는 하웨니우에게 소리치며 돌진했습니다.

"그가 하는 말을 알아듣거나, 그 사내를 알겠니?"하고 하웨니우가 물었습니다. "내 전령인 태양이야. 매일 내게 새로운 소식을 전해줘. 동쪽에서 서쪽까지 그는 모든 걸 보고 있지. 그가 너희 백성과 다른 국가 사이에 벌어지고 있는 큰 전쟁에 대해 내게 지금 말해줬어. 땅으로 내려가 무슨 일이 있는 지 알아보자꾸나."

그는 나라 중앙에 있는 높은 언덕으로 그들을 데리고 가선, 나무가 뿌리째 뽑혀 생긴 구멍을 통해 아래를 내려다보았습니다. 그들은 사람들이 양편으로 나뉘어 싸우는 것과 불타는 집들을 보았습니다. 그들은 사람들이 울부짖고 고함을 지르는 것을 들을 수 있었죠.

"인간들은 늘 그렇지"하고 하웨니우가 말했습니다. 그러고 나서 그들은 언덕 아래로 돌아왔습니다.

형제는 천상에 오래 머무르며 한 번에 다 말할 수 없을 만큼 많은 것들을 배웠습니다. 때론 지상을 내려다보았고 아무도 살지 않는 마을을 보기도 했습니다. 천상에선 지상으로부터 사람들이 오길 기다리는 마을 사람들을 보기도 했습니다.

하웨니우는 형제에게 많은 것을 일러주었고, 어느 정도 시간이 지나자 아침에 태양이 올라오는 길로 두 형제들을 데려다줄 것을 전령에게 명했습니다. 형제는 전령을 따라 동쪽으로 올라왔습니다. 그들은 태양이 동쪽 너머 서쪽으로 갈 때까지 기다렸습니다. 다시 그들이 동쪽 하늘가 아래에 도착하자 그들 조국에 와 있었습니다.

밤이 되자 그들은 맨땅에서 잠들었습니다. 아침에 그들은 마을을 보았는데 숲으로 덮여있었습니다. 그들은 숲을 지나 익숙한 길을 따라 또 다른 마을에 이르렀습니다. 그들의 부족이 그곳에서 살고 있었죠. 그들은 회당으로 들어가 말했습니다. 그들은 그들 자신의 이야기를 했지만 늙어버린 그들의 누이를 제외하곤 아무도 그들을 알아보지 못했습니다.

누이가 말했습니다. "오빠가 말하는 전쟁은 오십년 전에 일어난 일이야."

형제는 지금의 지상을 그리 좋아하지 않게 되었고, 천상으로 다시 돌아가고 싶어 했습니다. 그들은 다른 사람들과 달랐습니다. 형제는 지치는 법이 없었으니까요. 그들은 매우 강했고 동물들을 쫓고 맨손으로 죽일 수 있었습니다. 오랜 시간이 흐른 후, 그들은 번개에 맞아 둘 다 죽었습니다. 아마 그들의 소원대로 하늘 위 세상에 있는 큰형에게로 갔을 겁니다.

태양무 (히다차)[18]

여러 달 동안 여기 이 특별한 무용수는 추장의 딸을 아내로 맞이하려는 꿈을 꾸고 있었습니다. 그는 자신의 은밀한 소원을 빌기 위해 태양무를 추는 동안 비전을 보았습니다. 그 비전이란 그에게 태양무를 위해 부족을 소집하라는 것이었습니다. 곧바로 무용수는 높은 곳으로 홀로 올라가 태양신에게 선언했습니다.

"올 여름, 제가 당신을 위한 집을 짓겠습니다. 그 성스런 장소에 제가 머물겠습니다. 당신을 위해 버펄로를 잡아 가죽을 갖고 오겠습니다. 그녀가 내 아내가 될 수 있다는 것 보여주기 위해 당신을 위해 춤추겠습니다. 적들로부터 보호받을 수 있게, 백성들이 강해질 수 있게, 어떤 질병에도 걸리지 않게, 버펄로가 많아질 수 있게, 일 년 내내 풍족하게 비가 내리길 당신에게 간청하는 춤을 출 것입니다."

이 젊은 무용수는 어머니와 할머니에게 말했습니다. "일가친척 모두에게 내가 태양무를 춘다고 말씀해 주세요." 이들은 그 소식을 퍼트렸습니다. 부족남자들은 버펄로 가죽을 모아오고는 무두질을 위해 부족여자들에게 가죽을 갖다 주었습니다. 무용수는 태양무 의식에 참석하러 온 모든 이들에게 향연을 베풀었습니다.

모든 게 준비되자 무용수는 버펄로 의복을 사제에게 가져갔습니다. 그는 아버지의 일가로 태양무 의식을 관장하는데 있어 경험이 많은 사제였습니다. 사제는 태양신을 상징했습니다. 그 앞에서 무용수는 버

---

18) 히다차족(Hidatsa)은 한때 미국 미주리(Missouri)강 상류에 살던 수족(Sioux)의 한 부족.

펄로 의복을 놓고 그에게 파이프를 내밀며 말했습니다. "예지자여, 저를 인도해 주십사 하고 왔습니다. 태양신의 축복을 받고 싶습니다."

사제는 파이프를 받고 대답했습니다. "아들아, 네가 와서 기쁘구나. 이 의식에서 널 도우마."

태양무가 바쳐진다는 공식발표가 있자, 무용수의 친가 친척들은 적의 머리껍질과 왼손을 요구했습니다. 이따금씩 이 두 가지 항목은 친척들로부터 무상으로 제공되거나, 비싼 가격을 주고 구매되기도 했습니다.

태양기둥을 세우기 전에, 등 가운데 넓은 줄이 난 갓 잡은 버펄로 머리와 꼬리를 태양기둥 꼭대기 갈퀴에 튼튼한 가죽끈으로 묶었습니다. 그리고 나서 버펄로 머리는 태양이 지는 쪽을 향하게 하면서 기둥을 세우고는 단단히 땅에 고정시켰습니다.

무용수와 문중사람들이 성소를 지었습니다. 약재 꾸러미를 가지고 있던 사람들은 사제의 처소에 그것을 갖고 왔습니다. 무용수는 각자에게 자신의 신성한 꾸러미를 놓았던 버펄로 의복을 그들에게 주었습니다. 무용수는 빨간 여우가죽이라고 믿고 또한 꾸러미 주인이 그에게 징표로 요구할 수 있는 자신이 좋아하는 빨간 꾸러미를 골랐습니다.

이 부족의 소리꾼은 빨간 여우가죽을 집어 타오르는 향에 갖다 댔습니다. 그리고 나서 그는 무용수와 무용수의 어머니와 할머니의 몸에 그걸 갖다 댔습니다. 그리고 그는 이전 주인 앞에 그걸 갖다 놓았습니다. 이런 식으로 무용수는 많은 약재 보따리를 샀고, 주인이 요구하는 대로 값을 지불했고 더불어 약재꾸러미를 놓아둔 버펄로 의복도 선물도 주었습니다.

이때까지, 그 소리꾼은 성스런 노래와 주술사가 필요한 그림 그리는 법을 배웠습니다. 소리꾼은 무용수가 산 각 약재의 비밀을 무용수에게 전수했습니다. 일부는 적으로부터 보호하는 비법이고 일부는 경쟁에서 행운을 부르는 것이고, 또 일부는 사랑과 사냥에서 성공하기 위한 것이었습니다. 무용수가 원하는 것을 사야할 때, 사람들은 가서 그가 준 버펄로 의복을 가지고 왔습니다.

태양의 집을 지은 후, 사제는 적의 머리껍질과 왼손을 갖고 와서 북풍, 남풍, 동풍, 서풍을 향해 올리며 말했습니다. "이것들은 내 전리품이다. 늘 적들로부터 자네를 보호해주길." 사제는 무용수에게 그것들을 넘겨주었습니다.

금식을 하며 몸에 구멍을 뚫을 젊은이들이 도착하여 태양의 집으로 들어갔습니다. 각자가 약재꾸러미와 세이지를 한 아름 가지고 왔습니다. 그들은 집 남쪽으로 가서 세이지를 놓을 자리를 골랐습니다. 그들은 약재꾸러미를 세이지 맞은편 바닥에 박혀있는 짧은 막대기 위에 걸었습니다.

무용수는 그들이 가져온 꾸러미들을 버펄로 두개골 위에 쌓아놓았습니다. 소리꾼은 일정한 리듬에 맞춰 천천히 신비한 노래를 부르기 시작했습니다. 향이 타들어갔고, 무용수는 희열로 몸을 떨었습니다. 사제는 흰색 물감을 향 연기에 잠시 대고 나서 무용수의 몸에 칠했고 그의 얼굴 주변에 흰 원을 그려 넣었습니다.

무용수에게 옷을 입히자, 사제는 둥근 마법의 고리를 그의 등에 대고 목에 건 끈으로 잡아당겼습니다. 사제는 산토끼 가죽을 무용수 머리 위에 놓았습니다. 독수리 가슴 털을 무용수의 머리털에 묶고는 뒤쪽으로 향하게 했습니다. 독수리 뼈로 만든 호각이 무용수의 목에 걸려있었습니다.

한편, 금식자들은 그들의 주술꾸러미를 열어, 향을 태우고, 몸에 그림을 그리고, 그들 선조와 수호신이 가르쳐준 것처럼 스스로를 장식했습니다. 약재를 지니고 있지 않은 자들은 하얀 물감으로 자신의 몸을 완전히 칠했습니다. 금식자 각자는 목에 독수리 뼈로 만든 호각을 걸고 방패와 창을 들고 있었습니다.

소리꾼도 스스로 칠을 하고는 머리에 갈가마귀 깃털을 꽂았습니다. 그는 태양 기둥에 매달린 버펄로 가죽 앞에 서서 두 팔을 벌리고는, 버펄로로부터 어떤 특별한 힘을 부여받기라도 하는 것처럼 몸을 문질렀습니다.

주술사들은 태양의 집 입구 남쪽에 서 있었습니다. 부족의 늙은 여인들은, 여자 주술사들과 함께, 태양무를 위한 장소를 마련하고 북쪽에 앉았습니다. 모두가 금식을 하면서 기도했습니다. 젊은 남자 금식자들의 친척들이 음식을 들고 들어왔습니다. 각 금식자들은 음식이 가득 담긴 사발을 자신 문중 어른에게 드렸습니다.

곧 금식자들의 용맹을 시험할 때가 되었습니다. 그들은 사제와 소리꾼에게 다가갔습니다. 자신을 소개하는 각각의 젊은이의 어깨에는 두 개의 째진 상처가 있었습니다. 피부 틈새는 가죽끈으로 꿰매지고 그 끝에 나무핀이 있어, 찢어진 피부 끝이 말려들어가는 걸 막아주었습니다.

이 끈의 다른 끝은 태양기둥(오월제의 기둥과 유사함) 꼭대기에 붙어 있었습니다. 사제와 소리꾼은 금식자들은 모두를 바닥에 발이 땅에 거의 닿지 않게 하며 각자 네 번씩 돌았습니다. 그러자 한 금식자가 제멋대로 흔들거리고 비비꼬면서 태양기둥주변을 돌았습니다. 그러나 손으로 가죽끈을 감히 건드리지 않았습니다. 사람들은 금기를 깨려는 어떤 시도든 용기와 끈기가 모자란 행위로 여겨 얼굴을 찌푸렸습니다.

마침내 그 금식자는 태양기둥에서 풀려나, 땅에 쓰러졌습니다. 사제와 소리꾼은 그를 치료용 세이지 침대에 뉘었습니다. 그는 이틀에서 나흘까지 누운 채 금식을 했습니다.

어떤 무용수도 태양무 초반에는 금식을 해야만 했습니다. 무용수는, 금식자가 태양기둥에 붙어 있는 한 계속해서 원 안에 있는 태양기둥을 향해 앞뒤로 움직이며 춤을 추었습니다. 무용수는 발과 다리를 땅에서 도약하며 눈을 버펄로 머리에 고정시킨 채, 북소리 리듬에 맞춰 독수리뼈 호각을 불었습니다.

무용수의 마음은 그의 은밀한 소원, 추장의 딸을 얻고픈, 그리고 그 종족의 강력한 지도자가 되고픈 열망으로 가득했습니다. 춤을 추는 동안 그는 고요하게 그런 비전들을 위해 기도했습니다. 지쳐 쓰러질 때까지 그는 계속 춤을 추었습니다. 그의 비전이 다시 보일 때까지 아니 필요하다면 단식 나흘째가 될 때까지 그는 지속했습니다.

젊은 금식자들도 세이지 침대에 누웠습니다. 그들은 꿈과 비전을 가졌고 그건 사제와 관련된 것이었습니다. 그들은 만족해지자 태양의 집을 떠났는데, 그런 만족은 태양신이 답을 주었기 때문에 이루어졌습니다.

출입구 근처에 있는 주술사들도 여전히 단식을 하며 비전을 찾고 있었습니다. 어린 소년 몇은 재미로 버펄로 머리들을 마을을 가로질러 끌고 다녔습니다.

한 금식자가 태양기둥으로부터 떨어져 나올 수 없어 위험에 처하게 되자, 그는 명예롭게 풀려났습니다. 나흘이 끝나갈 즈음에는 소수의 금식자들만 남아 비전을 찾고 있었습니다.

탈진한 무용수는 그의 처소로 옮겨졌습니다. 만일 그나 다른 어떤 수도자들이 태양무를 계속하길 원한다면, 태양의 집은 그들을 위해 세워져 있어야만 합니다. 그렇지 않으면, 그 집은 헐리도록 되어 있습니다. 꼭대기에 버펄로 머리를 매단 태양 기둥만이 전통적인 태양무의 장소에 대한 표식으로 남아 있었습니다.

무용수와 모든 금식자들은 명예롭게 그들의 신성한 경험으로부터 회복되었습니다.

머지않아, 히다짜족 추장은 무용수가 자신의 딸과 결혼한다고 공표했습니다. 무용수는 높은 땅으로 올라가, 감사의 기도를 올리고 그와 그의 사랑하는 아내 그리고 그의 부족에게 내려진 많은 축복에 대해 태양신에게 감사를 드렸습니다.

세개의 개구리 바위 : (요세미티, 미웍)[19]

요세미티족의 최후의 대추장은 텐아야 추장이었습니다. 그는 그날도 변함없이 산 속 은신처에서 망을 보고 있는데, 말을 타고 평원을 가로질러 서부로 달려오는 낯선 자들이 나타났습니다.

이따금 그는 부친인 노추장이 했던 말을 상기했습니다. "텐아야, 내 말만 명심하면 네 백성들은 풀잎만큼 많아질 것이다. 어떤 부족도 감히 요세미티 계곡에서 전쟁을 일으키진 못할 게야."

"하지만 아들아, 평원 너머에서 말을 타고 건너오는 백인들을 조심해야 한다. 일단 그들이 서쪽 산맥을 넘어오면, 네 부족은 사막의 모래바람을 만난 먼지처럼 흩어질거다. 요세미티족은 절대로 다시는 이전 같지 않을게다."

"텐아야, 내 아들아 요세미티의 마지막 추장이 되지 않도록 요새를 잘 지켜라."

노추장은 떨면서 머리 위로 평화의 담뱃대를 들어 올리며 기도했습니다. "위대한 신령이시여, 내 아들, 요세미티족의 젊은 추장 텐아야를 돌봐주소서."

네 방위를 향해 그는 돌아가며 기도를 했습니다.

---

19) 오래 전 요세미티족(Yosemites)은 북부 바위 능선을 배경으로 돌출한 세 개의 봉우리를 개구리 바위라 불렀다. 요세미티인들은 이 세 바위는 마치 뛰기 위해 움츠리고 앉아 있는 세 마리의 개구리 모양을 닮았다고 해서 콤-포-파이-세스라고 불렀다. 요즘에도 캘리포니아 요세미티 국립공원에 가면 여전히 같은 형상을 한 바위를 볼 수 있다. 미웍(Miwok)은 요세미티에 근거한 부족.

"북쪽의 소나무시여, 찬바람이 내 아들을 상냥하게 대하도록 해주십시오."

"동쪽의 떠오르는 태양이시여, 위대한 태양이 이른 아침 그의 처소를 밝게 해주십시오."

"겨울날 태양이 사라지는 곳이여, 남풍이 내 아들 텐아야를 축복하게 해주십시오."

"서쪽의 지는 태양의 대지시여, 부드럽게 미풍을 불어 내 아들이 평온하게 잘 수 있게 해주십시오."

"담뱃대를 내리며 청컨대, 자비로운 대지의 어머니시여, 당신의 따뜻한 품안에 내 아들을 받아들이실 때, 부드럽게 영원히 품어 주소서."

"코요테의 울부짖음, 곰과 사자의 으르렁거림, 높은 소나무 꼭대기를 흔드는 바람소리가 그에게 달콤한 자장가가 되게 하소서."

텐아야가 노추장의 말을 기억했을 때, 그는 새끼를 보호하는 어미 곰처럼 자신의 산속 피난처를 지켰습니다. 날마다 몹시 불안해하며, 텐아야는 백인들이 평원을 가로질러 점점 더 가까이 다가오는 것을 보았습니다.

탄아야는 위대한 신령이 요세미티 족과 다른 부족들을 위해 만들어 준 땅을 백인들이 차지하는 것을 지켜보았습니다. 탄아야는 백인들이 두더지처럼 땅 속으로 파들어가는 것을 보았습니다. 그리곤 그들은 강에서 모래와 돌들을 씻어내더니 노랗고 반짝이는 뭔가를 찾아냈습니다. 그들은 신성한 요세미티 사냥터에 소 떼를 풀어놨습니다.

텐아야는 젊고 건장했으므로, 백인들을 두려워하지 않았습니다. 마음속으로 그는 백인들을 싫어했습니다. 위대한 신령이 요세미티 족을 위해 만들어 놓을 것들을 백인들이 무시했기 때문입니다. 이따금씩 밤에 텐아야와 그의 용사들은 백인들의 말을 몰아내거나, 백인들이 훔쳐간 숲과 들판의 사냥감을 대신할 식량을 구하기 위해 그들을 죽였습니다.

백인들의 침략에 대한 반항심이 요세미티 용사들 사이에 팽배해졌습니다. 텐아야는 시간과 함께 점차 늙어갔습니다. 말 탄 백인들의 수는 점점 늘어났고, 요세미티 계곡 벽까지 이르렀습니다. 또다시 텐아야는 돌아가시며 남긴 아버지의 말을 되새겼지만, 불길한 날이 다가오고 있음을 그는 알고 있었습니다.

백인들이 서부 산맥을 넘어왔습니다. 그들은 워싱톤에 있는 백인 아버지의 이름으로 선물을 주더니, 텐아야를 자신들의 포로로 만들었습니다. 젊은 요세미티 용사들은 백인 캠프에서 빠져나와, 노스 돔을 가로질러 모노 인디언들의 캠프로 도망갔습니다. 그들은 젊었으므로 가족을 부양할 식량을 구하기 위해 멀리 사냥을 나갈 수 있었습니다. 그들은 백인캠프의 가축처럼 떼지어 살기를 거부했습니다.

포로였지만, 추장 텐아야의 정신은 여전히 강했습니다. 타고난 재치로 그는 기회를 노려 산 속의 요새로 탈출했습니다. 마음속에는 점점 더 백인에 대한 강한 증오심이 커져갔습니다.

요세미티 족의 아이들도 뿔뿔이 흩어졌습니다. 추장 텐아야 주변으로 다시 그들을 규합할 수는 없었습니다. 말을 탄 백인들은 그를 쫓아 산 속 피난처로 왔습니다. 밤낮으로 봉화가 산꼭대기에서 타올랐습니다.

백인 아버지가 보낸 사신이 요세미티 계곡에 들어왔을 때, 그곳은 버려져 사람이 살지 않는 줄 알았습니다. 하지만 다섯 명의 검은 전사들은 요세미티 계곡 톱니발톱 모양의 북쪽 암벽 기슭에서 있는 나무와 바위에 숨었다가 덤벼들었습니다.

물이 불어난 강을 사이에 두고 적과 다섯 명의 인디언 척후병이 대치하고 있었습니다. 이 방어물로, 척후병은 넓은 들판으로 향하며 백인 이방인들을 비웃었습니다. 이윽고 척후병들은 산을 오르면 사라졌고, 백인들이 추적할 수 있는 어떤 흔적도 남기지 않았습니다. 하지만 나중에 백인들이 한 거짓 약속에 속아 다섯 명의 척후병은 백인 캠프로 다시 왔습니다. 그 중 세 명은 텐아야의 아들이었습니다.

아들 하나는 포로가 되었을 때 살해당했습니다. 또 다른 아들은 백인이 잘못 조준하는 바람에 간신히 도망쳤습니다.

더 이상 저항하는 게 무모한 일임을 깨달은 텐아야는 워싱턴에 있는 백인 아버지가 보낸 사신들에게 항복했습니다. 그들은 그의 대지와 가족을 훔쳐왔고, 요세미티 사람들이 그들의 고향에서 평화롭게 살게 놔두지 않았습니다.

텐아야는 애로우드 협곡의 레하미테에서 비밀통로를 통해 산을 내려왔습니다. 그가 처음 본 것은 장남의 주검이었습니다. 그는 아무 말도 하지 않았습니다. 그날 밤 그는 어린 추장의 시신을 신성한 장지로 옮겨 놓았습니다.

아들을 잃은 분노로 다시 한 번 텐아야는 탈출하여 그의 부족을 규합하려했지만, 그는 두 번째도 체포당했습니다. 슬픔에 찬 그는 돌아서 맨가슴을 체포자들에게 내밀며 울부짖었습니다.

"백인 추장아, 날 죽여라. 아들과 내 종족을 죽였듯이 날 죽여라. 너는 내 가슴과 요세미티 사람들에게 슬픔을 가져왔다. 죽여라. - 그리고 내가 죽으면 내 영혼이 올라가 우리 죽은 요세미티 사람들의 영혼을 불러모아 네가 죽인 이들의 복수를 해주마. 우리 영혼이 영원히 네 발자국을 쫓을 것이다."

"너는 나와 다른 요세미티인들을 보지 못하겠지만, 우린 네가 어딜 가든 따라갈 것이다. 너는 그게 텐아야와 그 백성들의 혼령이란 것 알게 될 것이야. 너는 우릴 두려워하게 될 거다. 언젠가 너는 후회할 거다. 이 전언은 하늘에 계신 우리 위대한 신령님이 내리신 것이다."

텐아야의 예언은 이루어졌습니다. 백인들이 서부산맥을 넘어 왔을 때 그들은 많은 문제와 고난에 봉착했는데, 그건 그들이 처음에 원주민들과 우호적으로 지내지 않았기 때문입니다. 요세미티 사람들은 뿔뿔이 흩어져 다시는 한 부족으로 모이지 못했습니다. 텐아야는 요세미티족의 마지막 대추장이었습니다.

텐아야의 세 아들들은 북쪽 산장벽 기슭에서 잡혔기 때문에, 그 세 봉우리는 경의를 표하기 위해 "삼형제"라고 이름 붙여졌습니다. 봉우리 형세가 "세 마리의 뛰어오르는 개구리" 모습과 닮아서, 또한 콤포파이세스라고도 불려졌습니다.

호피 인디언족의 정착 (호피)[20]

세상이 시작되었을 때, 그 옛날 인간과 생물들은 지상 꼭대기에는 살지 않았습니다. 그들은 지상 밑에 살았습니다. 지하세상 만큼 지상도 모두 암흑, 정말로 암흑이었습니다.

네 개의 세계가 있었는데, 지상 세계와 그 아래로 세 개의 동굴세계가 수직으로 나란히 있었습니다. 동굴 세계 가운데 어느 것도 모든 인간과 생물을 수용할 만큼 넓지 않았습니다.

가장 낮은 동굴에는 사람이 급속도로 증가하면서 복작거리게 되었습니다. 그들은 가난했고 어둠 속에서 어디로 가야할지 몰랐습니다. 움직이려면 다른 사람을 밀쳐야 했고, 동굴 안에는 인간들의 오물로 가득했습니다. 누군가 침을 뱉으면 꼭 다른 사람이 맞았습니다. 그곳은 인간들의 불만과 역겨운 표현들로 가득했습니다.

어떤 사람이 말했습니다. "이런 식으로 사는 건 옳지 않아."

"나아질 방법이 없을까?" 한 사람이 물었습니다.

"시도해 보자!" 다른 사람이 대답했습니다.

---

20) "평화로운 자들"이란 뜻의 하피투(Hapitu) 혹은 호피(Hopi)는 애리조나 북동쪽 세 개의 메사(Three Mesas) 지대에 위치한 푸에블로 문화를 채택한 유일한 쇼숀부족(Shoshones)이었다. 그들이 처음 접촉한 유럽인은 1540년, 스페인 탐험가 크로나도(Cronado)였다. 1598년, 뉴멕시코 지역 총독은 그들에게 스페인 국왕에게 충성토록 맹세시켰다. 1529년, 프랑스 선교원이 몇몇 호피 거주지에 세워졌지만, 푸에블로 인디언들의 봉기로 1680년 파괴되었다. 오늘날의 호피보호구역은 1882년 12월 16일 대통령령으로 만들어졌다. 호피족의 화려한 뱀춤 공연은 대중을 사로잡으며 북아메리카에서 가장 널리 잘 알려진 부족이 되는데 일조하고 있다.

형과 아우, 두 형제가 동굴 세계의 사제 겸 추장에게 말했습니다. "그래요, 해봐요, 잘 될 겁니다. 의지가 있으면 잘 될 거예요."

두 형제가 동굴의 지붕을 뚫고 제일 낮은 곳으로 내려갔더니 그곳에도 사람들이 살고 있었습니다. 두 형제는 차례로 식물을 심었고, 그 식물 중 하나가 그들이 내려왔던 구멍까지 자라 인간과 생물의 무게를 견딜 만큼 튼실해지길 바랐습니다. 두 형제가 소망했던 건, 그 식물을 타고 두 번째 동굴로 올라가는 것이었습니다. 이 식물들 가운데 하나가 등나무였습니다.

여러 가지 시련을 겪은 후 마침내 등나무는 무지 커져서 지붕에 난 구멍을 통과했습니다. 그리고 아주 튼튼해서 사람들이 꼭대기까지 타고 올라갈 수 있었습니다. 그 나무는 마디로 이어져 있어서 사다리처럼 쉽게 올라 갈 수 있었습니다. 그 후로 그 등나무는 콜로라도 강을 따라 오늘날까지 볼 수 있는 나무로 잘 자라났습니다.

이 등나무를 타고, 많은 인간과 생물들이 두 번째 동굴 세계로 올라갔습니다. 그들 일부가 기어올랐을 때, 그 동굴 역시 너무 좁아 기겁했습니다. 그 동굴도 매우 어두워서 크기가 얼마나 되는 지 알 수 없었습니다. 그래서 그들은 사다리를 흔들어 오르고 있는 사람들을 떨어트렸습니다. 곧바로 그들은 사다리를 잡아당겼습니다. 남겨진 사람들은 나중에야 맨 아래 동굴에서 빠져나왔다고 전해졌습니다. 그들은 지금 우리 서쪽에 사는 형제들입니다.

한참 후에 두 번째 동굴도 첫 번째 동굴이 그랬던 것처럼 인간과 생물들로 가득 찼습니다. 처음처럼 불만과 언쟁이 들려왔습니다. 다시 등나무가 지붕 통기 구멍 아래 심어졌고 앞전보다 더 많은 인간과 생물들이 바로 위 동굴세계로 갔습니다. 또 다시, 뒤늦게 올라오던 이들은 흔들어서 남겨졌습니다. 비록 크기는 더 컸지만, 세 번째 동굴 역시 첫 번째와 두 번째 것만큼 어두웠습니다. 두 형제는 불을 발견했습니다. 수많은 횃불이 타올랐고, 불빛으로 인간들은 오두막과 키바(역주: 푸에블로 인디언들의 지하 예배장)를 짓거나 여기저기를 돌아다녔습니다.

인간과 생물들이 이 세 번째 동굴세계에서 사는 동안, 악의 시대가 도래했습니다. 여자들은 미친 듯이 춤을 추느라 모든 걸 소홀히 했습니다. 심지어 아기들조차 거들떠 보지 않았습니다. 아낙들이 다른 아낙들과 뒤엉켜, 남편들은 누가 자신의 아내인지 분별하지 못했습니다. 당시에는 낮이 없었고 오직 밤, 어둔 밤만 있었습니다. 이런 밤 내내, 여자들은 키바(남자들의 "클럽 하우스")에서 춤을 추었고, 잠을 잘 때만 멈췄습니다. 그래서 아버지들은 아이들의 어머니가 되어야 했습니다. 아이들이 배고파 울면, 아비들은 여자들이 춤추고 있는 키바로 데리고 갔습니다. 아이들의 울음소리를 듣고, 어미들은 나와 젖을 물리고는 다시 춤추러 들어가 버렸습니다. 다시 아비들은 아이들을 돌봐야했습니다.

이런 문제들로 사람들은 빛을 갈망하고 다시 어둠으로부터 벗어나게 되길 열망했습니다. 그들은 네 번째 세계로 올라갔고, 그 곳이 바로 이 세계였습니다. 그러나 지상은 하늘에 의해 닫혀있었고, 동굴세계들은 지붕으로 닫혀있었기 때문에, 그곳 역시 어두웠습니다. 인간들은 그들 거처에서 나와 횃불 옆에서 일했습니다. 그들은 유일한 존재, 인간이 살지 않는 세계의 유일한 통치자, 귀신 혹은 죽음의 신의 흔적을 발견했습니다. 사람들은 동쪽으로 이어진 그 흔적을 따라가려고 했습니다. 그러나 세상은 습하고 어두웠고 사람들은 어둠 속에서 뭘

해야 할지 몰랐습니다. 물이 사람을 둘러싸고 있었고, 흔적들은 물속으로 이어지는 것 같았습니다.

인간과 함께 동굴에서 나온 다섯 생물들이 있었습니다. 그것들은 거미, 대머리수리, 제비, 코요테, 메뚜기였습니다. 인간과 이들 생물은 함께 의논하며 빛을 만들 방법을 강구했습니다. 무지무지 많은 시도를 해 보았지만 성공하지 못했습니다. 거미에게 먼저 해보라고 요구했습니다. 거미는 순백의 솜망토를 지었습니다. 그게 얼마간의 빛을 발산하기는 했지만 역부족이었습니다. 그 결과 거미는 우리들의 할머니가 되었습니다.

그런 다음 사람들은 어디서도 뚫리지 않았던 새하얀 사슴가죽을 구해다가 준비했습니다. 그것으로 방패 덮개를 만들고는 터키색으로 칠을 했습니다. 그러자 눈부신 빛을 발하면서 온세상을 밝게 비췄습니다. 솜망토에서 나오던 빛은 상대적으로 희미해 보였습니다. 그래서 사람들은 방패-빛을 동쪽으로 보냈고, 그곳에서 그것은 달이 되었습니다.

동굴세계 아래에서 코요테는 무지무지 무거운 항아리를 훔쳤는데, 그것은 무거워서 코요테는 그걸 갖고 오다가 지쳤습니다. 코요테는 그걸 그냥 남겨두기로 결심하였지만, 그는 뭐가 들었는지 궁금했습니다. 어둠 대신 빛이 비추자, 코요테는 항아리를 열었습니다. 거기서 수많은 반짝이는 조각들과 섬광이 흘러나와서 그 앞을 지나치자, 코요테 얼굴이 검게 그을렸습니다. 그날부터 코요테가 검은 얼굴을 하게 되었습니다. 반짝이는 조각들과 섬광들은 하늘로 올라가 별이 되었습니다.

이러한 빛들로 사람들은 세상이 정말로 작고, 물로 둘러싸여 있어 축축하다는 것을 알게 되었습니다. 사람들은 대머리수리에게 도와달라고 호소했습니다. 대머리수리는 날개를 펴고 물에 부채질을 시작했고 물이 동쪽과 서쪽으로 흘러가더니 산맥이 나타나기 시작했습니다.

산맥을 가로질러 두 형제는 수로를 냈습니다. 물은 수로를 타고 흘러 깊고 깊은 곳으로 흘러갔습니다. 그리하여 세상에 거대한 협곡과 계곡이 만들어졌습니다. 물을 수 세기동안 계속해서 흐르고 흘렀습니다. 세상은 점점 건조해졌고 지금도 점점 건조해지고 있습니다.

빛이 있어서 사람들은 새로 나타난 신대륙 너머 동쪽으로 간 죽음의 신을 쉽게 따라갈 수 있었습니다. 그때부터 죽음의 신은 우리의 가장 위대한 조상이자 주인이 되었습니다. 우리는 동굴세상을 떠나면서 그의 흔적을 따랐고, 그는 지금 이 세상이 있는 큰 물세상에서 우릴 기다렸던 유일한 존재였습니다.

비록 모든 물이 흘러 가버렸지만, 사람들은 대지가 부드럽고 습하다는 걸 알았습니다. 이것이 바로 서쪽과 인간이 동굴에 살았던 동쪽 사이에 인간과 수많은 이상한 생물들의 흔적이 남아 있는 이유입니다.

최초 인간이 생겨난 이래로, 대지는 돌로 변해 있어서, 모든 흔적은 처음 만들어졌을 때와 마찬가지로 보존하도 있습니다.

사람들이 귀신의 흔적을 바짝 쫓아가 따라잡았습니다. 그들 중에 두명의 어린 소녀가 있었습니다. 한 소녀는 대사제의 아름다운 딸이었고, 또 다른 한 명은 누군가의 아이였습니다. 그녀는 아름답지 않았고 누가 조금만 예뻐도 질투했습니다. 귀신의 도움으로 질투심 많은 소녀는 다른 소녀를 죽게 했습니다. 이것이 최초의 죽음이었습니다.

사람들이 소녀가 잠들어 깨어나지 못하고, 차가워지더니 심장박동이 멈추자, 그녀의 아버지인 훌륭한 사제는 화가 났습니다.

"누가 내 딸을 죽게 했느냐?" 사제는 크게 외쳤습니다.

하지만 사람들은 서로 쳐다보기만 했습니다.

"신성한 음식으로 공을 만들겠다." 사제가 말했습니다. "그걸 공중에 던지면, 누군가의 머리 위로 떨어질 게야. 그걸 맞은 사람이 내게 비극을 불러온 마법과 술수를 부린 사람으로 간주할 것이야."

사제는 성스런 밀가루와 화분으로 공을 만들어 하늘로 던졌습니다. 그것이 떨어지면서, 질투심 많은 소녀의 머리를 쳤습니다. 그러자 사제는 개탄했습니다. "네가 그 짓을 했구나! 네가 내 딸을 죽였어."

사제는 사람들을 회의에 불러 그 소녀를 재판했습니다. 소녀가 용서를 구하고 살려달라고 하지 않으면 그녀를 죽이기로 했습니다. 그때 소녀는 사제와 사람들에게 그들 모두가 나왔던 구멍으로 돌아가 그 구멍을 내려다보길 애원했습니다.

"여러분이 그 구멍을 드려다 본 후에도 여전히 날 파멸시키고 싶다면, 전 기꺼이 죽겠습니다." 소녀가 말했습니다.

사람들은 동굴세계로 이어지는 구멍으로 가보기로 했습니다. 그곳을 내려다보자, 사람들은 끝나지 않는 여름과 과일이 풍성한 대지의, 아름다운 꽃들로 가득 찬 평원을 보았습니다. 그리고 그들은 사제의 딸인 아름다운 소녀가 꽃들 사이로 거니는 모습을 보았습니다. 소녀는 너무도 행복해서 사람들에게 신경도 쓰지도 않았습니다. 그녀는 이 세상으로 돌아오고 싶지 않은 것처럼 보였습니다.

"보세요! 저 애는 모든 인간의 자녀와 함께 있을 거예요." 추장의 딸을 죽인 소녀가 말했습니다.

"우리는 죽으면, 모두 왔던 곳으로 되돌아갈 겁니다. 그곳에서 행복할겁니다. 왜 죽는 걸 두려워해야 하나요? 왜 죽음을 원망해야 하나요?" 사람들이 서로 말했습니다.

그리하여 사람들은 어린 소녀를 죽이지 않았습니다. 그 소녀의 자손들은 마법사와 마녀가 되었고, 사람들이 늘어나는 만큼 그들도 증가했습니다. 그 자손들이 여전히 살아 놀랍고 끔찍한 위력을 발휘하고 있습니다.

그리고 나서 사람들은 더 멀리 동쪽으로 여행을 했습니다. 도중에 사람들은 자신들 중에 메뚜기가 있다는 것을 알았습니다.

"어디서 왔니?" 사람들이 물었습니다.

"당신들과 다른 존재들과 함께 왔죠." 메뚜기가 대답했습니다.

"왜 우리 여행에 따라왔니?" 사람들이 물었습니다.

"나도 쓸모 있는 존재가 되려구요." 메뚜기가 대답했습니다.

하지만 메뚜기가 쓸모 있을 리 없다고 생각한 사람들은 그에게 말했습니다. "네가 왔던 곳으로 돌아가렴."

하지만 메뚜기는 따르려하지 않았습니다. 그러자 곧 사람들은 화를 내며 메뚜기에게 화살을 날려 그의 심장을 꿰뚫었습니다. 피가 전부 몸 밖으로 흘러나와 메뚜기는 죽었습니다. 한참 후에 메뚜기는 검은 색으로 변하더니 이전과 똑같은 모습으로 다시 살아나, 사방으로 뛰어 다녔습니다.

사람들은 서로에게 말했습니다. "메뚜기를 꿰뚫고 꿰뚫었는데 다시 살아났어. 이제는 메뚜기가 정말로 쓸모 있어서 우리랑 함께 여행할거야. 메뚜기 빼고 누가 다시 살아나는 놀라운 능력을 갖고 있어? 그는 다른 생명도 다시 살리는 주술을 갖고 있을 거야. 메뚜기는 치명적인 상처와 전쟁의 주술사일 될 거야."

그리하여 오늘날 메뚜기의 모습은 처음 메뚜기가 고대인들과 함께 왔을 때처럼 흰색입니다. 앞에서의 경우처럼, 메뚜기는 죽었다가 시간이 지나 다시 살아나면 검게 되었습니다. 그 역시 우리의 조상입니다. 그의 주술로 우리는 아주 위대한 인간이 됩니다. 메뚜기의 주술은 여전히 치명적인 부상을 치료해 줍니다.

먼 길을 이동한 고대인들은 매우 허기졌습니다. 서둘러 낮은 동굴 세계에서 빠져나오다 보니, 씨앗을 가져오는 걸 잊었습니다. 사람들이 너무 비통해 하자, 이슬 정령은 제비를 보내 옥수수와 다른 식량의 씨앗을 갖고 오게 했습니다. 제비가 돌아오자, 이슬 정령은 땅에 씨를 심고 기원의 노래를 불렀습니다. 기원의 힘으로 옥수수는 자랐고 단 하루만에 익었습니다.

그래서 사람들은 오래 계속 여행을 하면서 하루 재배할 양의 씨앗만 갖고 다녔습니다. 그들은 이슬 정령만 믿고 하루만에 풍족할 정도의 옥수수와 그 밖의 식량들을 키웠습니다. 옥수수 부족(Corn Clan)에게 이슬 정령은 씨앗을 주었고, 사람들은 오랫동안 단시간에 그들이 필요한 충분한 옥수수를 키울 수 있었습니다.

하지만 마녀와 마법사들이 성장기간을 점점 더 길게 만들어 버렸습니다. 지금은 이따금씩 옥수수가 자라서 알이 익는데 시간이 얼마 걸리지 않지만, 기타 식량들은 잘 익지 않습니다. 만일 옛날 사람들이 살려준 소녀의 자손들이 없었더라면, 지금 우리는 여름 내내 옥수수 밭을 볼 필요가 없을 뿐 더러, 여행에 식량 보따리를 갖고 가지 않아도 됐을 겁니다.

고대인들이 이주를 계속함에 따라, 그 어린 소녀의 자손들은 마법을 써서 다른 문제를 일으켰습니다. 이 이간자들은 동굴세계에서 나온 사람들을 뿔뿔이 흩어놓았습니다. 그들은 우리 조상들 사이에 전쟁을 일으켰습니다. 전쟁으로 사람들은 유랑을 멈출 때마다 반드시 집을 짓도록 했습니다. 그들은 오직 한 길로만 도달할 수 있는 높은 산 위나, 한 통로로만 드나들 수 있는 동굴에, 혹은 깊은 협곡 측면에 집을 지었습니다. 그런 장소에서만 사람들은 평화롭게 잠 잘 수 있었습니다.

오직 소수의 사람들만 그들의 은신처로부터 올라와 네 번째 세상으로 오를 수 있었습니다. 전설에 따르면 그 사람들이 올라갔던 곳이 그랜드 캐년이라고 합니다. 그곳에서 사람들은 두 형제가 시도했던 집을 짓기 위해 탐사를 시작했습니다.

이들 중 몇 명은 오늘날 이제 애리조나 주 북동쪽에 있는 세 개의 고원지대에 호피 인디언들의 조상이 되었습니다.

세인데이가 태양을 얻은 방법 (키오와)[21]

세인데이가 걸어오고 있습니다. 세상은 온통 한밤중처럼 깜깜했습니다. 지구의 이편에는 태양이 없어 사람들은 모두 암흑 속에 있었습니다. 태양은 세상 저편에 사는 사람들 것이었습니다. 그들 바로 곁에 태양을 간직하는 바람에 아무도 태양을 빼앗아 갈 수 없었습니다.

세인데이는 걸어오면서 여우와 사슴과 까치를 만났습니다. 그들은 다 같이 프레리독 구멍 옆에 앉아 이런저런 이야기를 했습니다.

"왜 그래?" 세인데이가 말했습니다.

"우린 이 세상이 싫어." 여우가 말했습니다.

"세상이 왜?" 세인데이가 말했습니다.

"이런 어둠이 싫어." 사슴이 대답했습니다.

"아니, 어둠이 뭐 어쨌다고?" 세인데이가 물었습니다.

"이러한 어둠은 생물들이 살아서 성장하고 행복해지지 못하게 할거야." 까치가 말했습니다.

"그렇다면 우리가 나서서 무언가를 해봐야겠구나." 세인데이가 말했습니다.

그래서 이 넷은 프레리독 구멍 옆에 앉아서 궁리, 궁리, 궁리, 또 궁리했습니다. 그들이 너무 조용하자 프레리독은 구멍 밖으로 고개를 내밀었습니다. 프레리독은 그들이 가만히 생각에 잠겨있는 모습을 발견했습니다.

---

21) 키오와족(Kiowa)은 오클라호마 남서쪽에 평원 족 중에 하나이며, 버펄로 문화에 속한다.

"태양이 있어." 세인데이가 드디어 말을 꺼냈습니다.

"어디에?" 여우가 물었습니다.

"세상 저편에." 세인데이가 말했습니다.

"태양은 거기서 뭘 하지?" 사슴이 물었습니다.

"그걸 갖고 있는 사람들이 나주지 않아." 세인데이가 대답했습니다.

"그러면 우리한테 무슨 소용이 있어?" 까치가 물었습니다.

"아무 소용 없지." 세인데이가 말했습니다. "우리가 나서서 무언가를 해봐야겠어."

그래서 그들은 앉아서 궁리했고, 앉아서 좀더 궁리해보았습니다. 그리고 그들 중 아무도 움직이지 않았습니다.

그때 세인데이가 말했습니다. "우리가 가서 태양을 빌릴 수도 있잖아."

"그래 그건 도둑질이 아니지." 여우가 말했습니다.

"그것을 영원히 갖고 싶지도 않아." 세인데이가 말했습니다.

"이따금 다시 돌려줄 수도 있잖아." 사슴이 말했습니다.

"그러면 그들이 사는 세상 저편에 생명이 살아나 자라고 행복해질 수 있어." 까치가 말했습니다.

"그리고 우리 쪽에서도 역시 생명이 살아 자라날거야." 세인데이가 대답했습니다.

궁리를 끝마치자 세인데이는 바빠졌습니다. 당장 그는 일을 시작할 수 있었습니다.

"너는 얼마나 멀리 달릴 수 있니?" 세인데이는 여우에게 물었습니다.

"아주 아주 멀리." 여우가 말했습니다.

"넌 얼마나 멀리 달릴 수 있니?" 사슴에게 물었습니다.

"짧은 긴 거리만큼." 사슴이 말했습니다.

"너는 얼마나 멀리 달릴 수 있니?" 까치에게 물었습니다.

"긴 짧은 거리만큼." 까치가 말했습니다.

"난 멀리 달릴 수 없어." 세인데이가 말했습니다. "그래서 내가 마지막으로 태양을 맡을게."

그리고 나서 세인데이는 동물들을 모두 일 열로 세우고 그들이 해야 할 일들을 말했습니다. 여우는 세상 반대편에 있는 마을로 가서 거기 사는 사람들과 친구가 되어야 했습니다. 그것이 가장 먼저 해야 할 일이기도 했지만 가장 어려운 일이기도 했습니다. 그래서 여우는 준비를 하고 여정을 떠났습니다.

여우는 어둠을 헤쳐나가며 아주 멀고 먼 거리를 이동했습니다. 그러자 마치 겨울철에 떠오르는 태양처럼 지구의 가장자리에 희미한 불빛이 보이기 시작했습니다. 여우가 그 불빛의 테를 향해 더 가까이 다가가자, 그것은 점점 밝아지고 밝아지면서, 마침내 불타는 거대한 빛이 바로 앞에 있는 하늘을 가득 채웠습니다. 그는 언덕에 올라 태양을 가진 사람들이 사는 마을을 내려다보았습니다. 여우는 언덕 꼭대기에 앉아 그들을 지켜보면서 무엇을 해야 할지를 고민했습니다.

사람들은 태양을 이용한 놀이를 즐기고 있었습니다. 그들은 양쪽으로 나누어 서있었고, 각 편에는 네 개의 창이 주어졌습니다. 그들은 태양을 땅에 커다란 공처럼 굴리고는 차례로 그것을 향해 창을 던졌습니다. 가장 많이 맞추는 편이 이기는 놀이었습니다. 한쪽 편이 훨씬 앞서고 있었고, 다른 한쪽은 계속 지고 있었습니다.

여우는 마을을 향해 언덕을 내려갔고 앞발로 얼굴을 괴고는 땅에 엎드려 놀이를 구경했습니다. 마을사람들은 다시 태양을 굴리면서 놀이를 했고, 앞서가는 편이 또 다시 득점을 했고 뒤처지는 다른 편은 또 다시 졌습니다. 그래서 여우는 지고 있는 편의 대장만 들을 수 있도록 조용히 말했습니다.

"지는 편에게 행운이 있기를."

대장 외에는 아무도 이 말에 주의를 기울이지 않았지만 대장은 잠시 머리를 돌려 여우를 바라보았습니다. 마을 사람들이 다시 태양을 굴리자, 이번에는 지고 있는 쪽이 이겼습니다. 대장은 여우에게 건너와 말했습니다. "행운을 빌어줘서 고마워."

"당신이 승리하길 기원할게요." 여우가 말했습니다. 이번에도 지고 있는 쪽이 다시 이겼습니다.

그때 사람들 사이에 약간의 동요가 일어났습니다. 전에 이기고 있던 쪽은 여우를 내쫓기 원했지만 지고 있던 쪽은 여우가 계속 남아있기를 바랬습니다. 그들은 싸우고 다투고 언쟁을 하였으나 여우 편을 드는 쪽이 더 강했으므로 결국 여우는 남아있게 되었습니다.

여우는 그 마을에 머물고, 머물고, 머물고, 머물면서 남아있었습니다. 그곳을 자신의 고향보다 더 잘 알게 될 때까지 머물렀습니다. 모든 사람들의 이름, 직업, 사는 곳을 알게 될 때까지 머물렀습니다. 사람들이 놀이를 즐기고 있지 않을 때에는 누가 태양을 가지고 있으며 또 그것을 지키는 사람들이 누구인지를 알게 될 때까지 머물렀습니다. 여우는 사람들이 즐기는 놀이의 규칙을 알고, 심지어 자신도 끼어서 놀이를 즐기게 될 때까지 머물렀습니다. 이러는 와중에도 그는 늘 계획을 짰습니다.

어느 날 마을 사람들은 큰 시합을 하게 되었습니다. 그 해의 우승자가 누구인지를 가르는 시합이었습니다. 여우는 처음에 자기가 이기기를 기원했던 편에 서서 시합을 하게 되었습니다. 다른 사람들은 여우가 오기 이전서부터 이미 시합을 하던 사람들이었기에 그들이 먼저 태양을 굴렸습니다. 드디어 여우가 태양을 굴릴 차례가 되었습니다. 사람들이 가르쳐준 대로 그는 태양을 앞발로 짚고 몸을 기울여 땅에 공을 굴릴 것처럼 흉내를 냈습니다. 그러나 굴리는 대신, 그는 뛰기 시작했습니다. 태양을 들고 달렸습니다.

잠시 동안 사람들은 너무 놀라서 어찌할 바를 몰랐습니다. 그리고는 화를 내며 여우를 뒤쫓기 시작했습니다. 그러나 여우는 매우 빨리 달렸고, 아주 아주 멀리까지 뛰어갈 수 있었습니다. 세인데이가 여우를 가장 앞에 세운 이유가 바로 이것 때문이었습니다. 여우는 뛰고 또 뛰어 마침내 사슴에게 갔습니다.

사슴은 태양을 쳐다보지도 않았습니다. 사슴은 여우에게서 태양을 낚아채 다시 달리기 시작했습니다. 뛰고 또 뛰어 기운을 다 소진하자, 그는 까치에게 갔습니다.

태양마을 사람들은 너무나 멀리 뒤쳐져 있어 눈에 보이지 않았지만 까치는 방심하지 않았습니다. 그는 태양을 들고 가능한 한 빠르게, 그리고 멀리 뛰기 시작했습니다. 숨이 차자, 까치는 세인데이에게 가서 태양을 넘겨주었습니다.

태양마을 사람들은 너무나 멀리 뒤쳐져 있어서 세인데이는 뛸 생각조차 하지 않았습니다. 그냥 태양을 고기 담는 큰 자루처럼 어깨 뒤로 메고는 앞으로 걸어가기만 했습니다. 그는 편안하게 걸어갔기 때문에 나머지 모두 그를 따라갈 수 있었습니다. 그들이 옛 프레리독 구멍으로 돌아오자 모두 앉아 쉬었습니다.

"자, 이제는 태양을 가지게 됐어." 세인데이가 말했습니다.

"이제는 빛이 있어." 여우가 말했습니다.

"이제는 우리가 뭘 하는지, 어디로 가는지를 볼 수 있어." 세인데이가 말했습니다.

"이제는 여기저기 돌아다니며 여행도 할 수 있어." 사슴이 말했습니다.

"이제는 식물이 땅에서 솟아나 자라게 될 거야." 까치가 말했습니다.

"우리 세상에 우리가 빛을 가져온 거야." 세인데이가 말했습니다.

그러나 문제는 빛이 지나치게 많다는 것이었습니다! 예전에는 항상 어두웠으나 이제는 항상 밝기만 했습니다. 사람들은 여기저기 돌아다닐 수는 있었지만 늘 밝기만 해서 항상 여행을 했기 때문에 곧 지치게 되었습니다. 식물과 나무는 자랄 수 있었으나 자라기를 멈추지 않았습니다. 까치와 그의 아내가 나무에서 잠자리에 들게 되었는데, 일어났을 때에는 나무가 두 배나 자라 있었습니다. 생활이 매우 불편해졌습니다.

마침내 세 친구는 세인데이를 찾아갔습니다. 세인데이는 자기 집 앞마당 바닥에 앉아 앞에 놓인 빛나는 태양을 보고 감탄하던 중이었습니다.

"무슨 일이야?" 그가 물었습니다.

"빛이 너무 많아." 여우가 말했습니다.

"우리는 이렇게 많은 빛을 원하지 않아." 사슴이 말했습니다.

"이렇게 많이 필요하지도 않아!" 까치가 말했습니다.

"그러면 어떻게 해야 되지?" 세인데이가 물었습니다.

"내 생각에는 태양을 다른 곳에 옮겨두는 게 좋은 것 같아." 여우가 말했습니다.

"좋은 생각이야." 세인데이가 말했습니다.

그는 태양을 집 안에 들여 놓았으나 태양은 벽을 뚫고 빛을 발했습니다.

"땅에서 많이 떨어진 높은 곳에 올려놔." 사슴이 말했습니다.

"알았어." 세인데이가 말했습니다. 그는 지붕 꼭대기에 태양을 아슬아슬하게 올려놓았습니다. 펑! 휙! 태양이 집 전체를 태워버렸습니다.

"그러면 어디에 그냥 내팽개쳐 버려." 까치가 말했습니다.

"알았어." 세인데이가 말했습니다. "난 이런 낡은 것은 갖고 싶지도 않아."

그리고는 똑바로 하늘을 향해 태양을 위로 던졌습니다. 그러자 태양은 하늘에 계속 걸려있게 되었습니다!

"사실 저기가 가장 적당한 장소야." 여우가 말했습니다.

"다른 걸 태우지 못할 만큼 멀리 떨어져 있잖아." 세인데이가 말했습니다.

"여기저기 움직일 수 있는 공간도 많고." 사슴이 말했습니다.

"세상 한 쪽 편에서 반대편까지 이동할 수도 있어." 세인데이가 말했습니다.

"이제는 한 번에 조금씩만 자랄 수 있을 거야!" 까치가 소리쳤습니다.

"그리고 이제는 세상 양쪽에 사는 사람들이 모두 똑같이 빛을 나누어 가질 수가 있어." 세인데이가 말했습니다.

그리고 과거에 그랬듯이 현재, 오늘날까지 여전히 태양이 존재하는 방식입니다.

길고도 긴 겨울 (슬라비)[22]

지구상에 인간이 존재하기 이전, 세상이 동물들의 왕국이었던 시절, 길고도 긴 겨울이었습니다. 태양이 삼 년간이나 나타나지 않습니다. 대기는 항상 캄캄했습니다. 짙은 구름이 내려와 하늘을 덮었습니다. 눈이 항상 내렸습니다. 동물들은 이 긴 겨울 때문에 매우 고통스러웠습니다. 먹을 것이 부족한 것도 힘들었지만 따뜻한 열이 없는 것은 견딜 수가 없었습니다. 동물들 모두 두려움에 떨었습니다.

동물들은 대대적인 회의를 열었습니다. 가지각색의 온갖 짐승, 새, 물고기가 모였습니다. 그 큰 모임에 참석한 동물들을 둘러보니, 회의에 참석하지 않은 동물이 하나 있었습니다. 바로 곰이 보이지 않았습니다. 그리고 어떤 동물도 삼 년간 곰을 보지 못했습니다.

지금 가장 중요한 임무는 따뜻한 열이 어디로 사라졌는지 찾아내는 일이 급선무라는 점에 모든 동물들이 재빨리 동의했습니다. 따뜻한 열 없이는 그들의 고통이 절대로 끝나지 않을 것입니다. 맞아, 열을 다시 찾아봐야해! 그리고 되찾아서 되돌려 놔야해! 동물들은 몇 명의 민첩하고 용감한 동물들을 선정해서 상공 세계로 가는 탐사 임무를 맡겼습니다. 따뜻한 열이 바로 그곳으로 사라졌을 것이라고 짐작했기 때문입니다. 임무 수행을 위해 선정된 동물 탐사대에는 tm라소니, 여우, 늑대, 울버린(역주: 북미산 족제비과), 쥐, 창꼬치(민물고기 종류의 하나), 돔발상어가 있었습니다.

---

22) 슬라비(Slavey) 부족은 북서부 캐나다에 위치하였고 캐나다 최초의 인디안 부족 국가이다.

공중 속으로 한참을 이동하던 동물들은 드디어 상공 세계로 인도하는 비밀의 문 하나를 발견했습니다. 그들은 몹시 흥분하여 위에 있는 세상으로 올라 들어갔습니다.

한참동안 상공 세계를 탐험하다가 그들은 호수를 보았습니다. 호숫가에는 모닥불이 피워져 있었고 그 옆에는 천막집이 있었습니다. 천막집 옆에는 어린 곰 두 마리가 있었습니다. 동물들이 새끼 곰들에게 어미가 어디 있는 지를 물어보자, 사냥하러 나갔다고 곰들은 대답했습니다. 천막집 안에는 크고 둥근 가방 몇 개가 걸려 있었습니다. 동물들은 첫 번째 가방을 가리키며 새끼 곰들에게 물었습니다. "이 가방 안에는 뭐가 있니?"

"저건." 곰들이 말했습니다. "우리 엄마가 비를 보관하는 가방인데요."

"그러면 저 가방에는 뭐가 들었니?"

"저건." 새끼 곰들이 대답했다. "바람이에요."

"그러면 저건?"

"저기에는 엄마가 안개를 보관해요."

"그리고 다음 가방에는 뭐가 들었지?" 동물들이 물었습니다.

"그건 말씀드릴 수가 없어요." 새끼 곰들이 말했습니다. "엄마가 그건 비밀로 하라고 하셨거든요. 이걸 말하면 엄마가 돌아오셔서 화를 내며 우리 머리를 쥐어박겠다고 했어요."

"그건 두려워하지 말거라." 여우가 말했습니다. "우리한테는 말해도 괜찮아. 엄마는 모르실거야."

그제서 새끼 곰들은 속삭였습니다. "저 가방에는 엄마가 따뜻한 열을 보관하죠."

"아아, 그렇구나." 동물들이 말했습니다. 그들은 서로에게 눈치를 주며 더듬거리며 잘 있으라는 말을 했습니다. 그들은 천막 밖 숨겨진 구석으로 뛰어가 재빨리 회의를 열었습니다. 그들이 첫 번째로 합의한 것은 어미 곰이 돌아오기 전에 곰들의 거주지에서 당장 떠나는 것이었습니다. 그리고는 더 안전하게 숨을 수 있는 곳을 발견했습니다. 다음 문제는 좀 더 까다로웠습니다. 따뜻한 열이 들어있는 가방을 어떻게 가져올 것인가 하는 문제였습니다.

"우리는 그 어미 곰을 어떻게든 다른 곳으로 유인해야 해." 여우가 말했습니다.

"알겠다!" 스라소니가 말했습니다. "호수 건너편으로 가서 내가 사슴으로 변신할게."

"좋은 생각이야!" 울버린이 말했다. "어미 곰이 호수 건너편에 있는 너를 보면 널 사냥하러 올 거야. 호수를 건너려면 나룻배를 타고 가야 하니까 우리에게는 따뜻한 열이 들어있는 가방을 가지러 갈 시간이 있을 거야."

"더 좋은 생각이 있어." 쥐가 찍찍거렸습니다. "난 노의 날 부분을 갉아 먹어서 깊은 구멍을 만들게. 그렇게 하면 나룻배가 건너오는 시간을 훨씬 늦출 수 있을 거야."

"그래, 그래!" 모두가 찬성했습니다.

그래서 스라소니는 호수 건너편으로 돌아가 사슴으로 변신했고, 사슴은 곰의 주의를 끌기 위해 호수 가장자리를 돌아다녔습니다. 한편, 쥐는 곰의 나룻배로 기어들어가 노깃에 인접한 손잡이를 갉아먹었습니다. 나머지 동물들은 곰의 천막집 근처에 숨어 있었습니다.

새끼 곰 한 마리가 호수 건너편에 있는 사슴을 보았을 때 그는 소리쳤습니다. "저기 보세요! 건너편에 있는 사슴을 좀 보세요!" 어미 곰은 당장 나룻배로 뛰어들어 사슴을 향해 노를 저었습니다. 사슴은 호숫가를 천천히 걸어다니며 곰을 더 가까이로 유인하기 위해 나룻배를 못 본 척 했습니다. 그러다가 사슴은 갑자기 반대쪽 방향으로 달아났습니다. 곰은 배를 더 빨리 가게 하기 위해 온몸의 무게를 노에 실었지만 쥐가 갉아먹은 부분이 갑자기 툭 부러졌습니다. 무게를 못 이겨 곰의 몸뚱이는 물에 풍덩 빠졌습니다. 어미 곰이 물에서 허우적거리는 것을 보자마자 반대편에서 그 광경을 구경하던 동물들이 천막집 안으로 뛰어 들어가, 따뜻한 열기가 들어 있는 가방을 낚아챘습니다. 번갈아 가며 가방을 공중으로 끌고 가면서 그들이 찾아왔던 길을 따라 다시 지상 세계가 열리는 지점으로 갔습니다.

그들은 문으로 빨리 가려고 하였으나 가방이 너무 컸기 때문에 누구도 오래 빠른 속도를 오래 유지할 수가 없었습니다. 한 마리가 지치면 다른 동물이 가방을 드는 이런 방법으로 그들은 온 힘을 다해 빨리 달렸습니다. 어미 곰이 다시 육지에 도착하여 천막집으로 돌아가면 가방이 없어졌다는 것을 알아차릴까 두려워 그랬습니다. 그렇게 되면 곰은 화가 나, 발자국을 따라 그들을 쫓아 올 것입니다. 예상대로 어미 곰은 곧 그들은 집요하게 추적하기 시작했고, 동물들을 거의 따라잡을 뻔 했으나, 바로 그때 동물들은 아래 세상으로 열리는 문을 발견하였습니다. 이때쯤 힘이 센 동물들은 너무나 힘이 빠져 있어서 거의 앞으로 움직일 수조차 없었습니다. 이제는 돔발상어가 가방을 들고 얼마 동안 움직였고 마침내 창꼬치(민물고기)가 조금 더 끌고 갔습니다.

그 순간 곰은 그들을 향해 곧바로 돌진했습니다. 동물들은 모두 지상 세계로 가는 구덩이에 가방이 들어갈 때까지 가방을 함께 밀어 넣었고, 각자 한 마리씩 가방의 뒤를 따라 겨우 안전하게 뛰어내렸습니다. 가방이 아래에 있는 세상에 떨어지자마자 터지며 그 안에 가득 채워져 있던 모든 열기가 쏟아져 나왔습니다. 온기는 세계 각 지역으로 당장 퍼져 나갔고 얼음과 눈을 빠른 속도로 녹였습니다. 홍수가 몇 주 동안이나 높은 지대까지 올라왔으나, 얼마 지나서 물은 가라앉았습니다. 그 동안 얼음에 깔려 있던 나무와 가시덤불과 꽃들에는 푸른 잎사귀가 다시 돋아나기 시작했고, 다시금 이 땅에 봄이 오게 되었습니다. 그 이후로 오늘날까지 세상은 추운 계절 뒤에는 따뜻한 계절을 보게 되었습니다. 오늘날 우리가 보듯이 말입니다.

행운의 부적 (과테말라 전설)

'퀴체' 부족 중에 족장을 제외하고, 가장 중요한 사람은 예언가였습니다. 그 예언가는 진정한 점쟁이였습니다. 그는 미래에 일어날 일에 대해 말할 수 있었습니다. 모든 부족 사람들은 신이 이 예언가를 통해 말하는 것이라고 믿었기 때문에, 아무도 그의 예언에 대해서 의심을 하지 않았습니다. 족장과 그 부족의 현명한 사람들은 무슨 일을 결정하기 전에, 예언가가 하는 말을 귀담아 들었습니다.

여러해 전, '퀴체' 부족의 족장에게서 한 아들이 태어났습니다. 그 아들은 아가 '퀘잘'이라고 불렸습니다.

성대한 축제가 열렸습니다. 예언가가 말을 시작하자, 모든 사람들은 존경과 두려움과 경외감으로 귀기울였습니다.

"이 아이는," 예언가가 말을 했습니다. "부족으로부터 사랑받고 존경받을 것이다. 그의 장래는 범상치 않다. 때가 될 때까지 난 그 비밀을 밝힐 수가 없다. 퀘잘이 성년이 되면, 그를 위해 담아두었던 그의 미래에 대해 난 말할 것이다."

시간이 지나고, 퀘잘은 예언가의 예언대로 되었습니다. 그는 훌륭한 사냥꾼이자 어부였고, 힘도 아주 세고 용감했습니다. 심지어 아이였을 때에도, 그는 성장한 사람의 지혜와 이해력을 가지고 있었습니다.

해는 빨리 바뀌어 갔고, 그리하여 퀘잘도 아버지와 지혜로운자들, 그리고 예언가와 함께 회의에 참가할 수 있는 성인이 되었습니다.

어느 날 아침, 퀘잘은 회의에 참석하기 위해 아버지를 부르러 갔다.

늙은 족장인 아버지가 조용히 평화롭게 잠든 듯이 죽어있는 모습을 발견하고 큰 충격을 받았습니다. 모든 부족 사람들이 슬픔에 잠겼고, 어린 아들을 위로하려 했습니다. 지혜로운자들은 새 족장이 퀘잘이라고 공고하였습니다.

문상기간이 끝나갈 즈음, 부족들은 새로운 지도자에게 존경을 표하기 위하여 의식을 준비했습니다. 음악가들은 보라색과 짙은 빨간색 예복을 입었고 새로운 악기를 가지고 연주했습니다. 춤과 성대한 연회가 밤늦도록 지속되었습니다.

하늘에 태양이 솟아오르기 시작할 때쯤, 부족들은 예언가의 말을 듣기 위해 조용히 기다리고 있었습니다. 예언가는 손을 높이 들었습니다. 그의 한쪽 손목에는 목걸이가 걸려 있었습니다. 그것은 행운을 가져다주는 작은 부적이었습니다.

그리고 예언가가 말했습니다. "퀘잘은 이제 한 남자이고 우리의 족장이다. 성인이 될 때까지 밝힐 수 없다고 했던 퀘잘의 비밀을 때가 되면 밝히겠다고 했었다. 지금 퀘잘은 한 남자가 되었고, 그래서 나는 너희들에게 말할 것이다. 그의 미래는 영원히 신에 의해 보호받을 것이다. 그들은 퀘잘을 절대 죽이지 않기로 결정했고 그는 영원히 살 것이다."

사람들은 모두 기쁨에 넘쳐 소리 질렀고, 신에게 감사했습니다. 그들은 모두 신이 영웅으로 선택한 퀘잘 앞에 무릎을 조아렸습니다. 단지 한 사람만 절을 하지 않았습니다: 치루마. 바로 퀘잘의 사악한 삼촌이었습니다. 그는 예언가 한 말의 의미에 대해서 생각하기 위해 재빨리 자리에서 떴습니다.

그러니까, 치루마는 조카인, 퀘잘보다 단지 몇 살 위였습니다. 그는 퀘잘의 생명이 짧아서 자신이 족장이 되길 기대해 왔습니다. 그러나 만약 퀘잘이 영원히 산다면, 어떻게 그의 꿈을 이룰 수 있단 말입니까? 치루마는 얼굴을 양손으로 감싸며, 조카의 인생을 끝장낼 방법을 계획하기 시작했습니다. 갑자기 경적이 울렸습니다. 그것은 의식을 행하는 동안 이웃 부족들이 공격해 들어왔음을 퀴체 전사에게 알리는 경적이었습니다.

비록 퀘잘은 처음 해보는 싸움이었지만, 용감하게 싸웠습니다. 전투는 짧았습니다. 퀘잘은 맨 앞에서 전사들을 지휘했습니다. 매 번 적들은 퀘잘 쪽으로 화살을 겨누었지만 땅으로 떨어지고 말았습니다. 마침내 적들은 달아나버렸습니다. 마술에 의해 화살은 다 옆으로 비껴갔고, 아무도 해치지 못한 채 땅으로 떨어졌기 때문입니다.

하지만 치루마는 잘 알고 있었습니다. 퀘잘은 예언가가 그의 목에 걸어준 부적에 의해서 보호받고 있다고 치루마는 확신했습니다. 그래서 사악한 삼촌은 마법의 부적을 훔치기로 결심했습니다.

그날 밤 치루마는 퀘잘이 자고 있는 방으로 조용히 들어갔습니다. 퀘잘을 깨우지 않고, 치루마는 조카의 담요를 들어올리자, 목에 두른 부적에 걸려있는 벌새의 작은 깃털이 보였습니다. 치루마는 조용히 칼을 들어올려서 깃털이 걸려있는 사슴가죽 끈을 잘랐습니다. 그리고는 목걸이를 손에 꽉 쥐고는, 조용히 그 방을 빠져나왔습니다.

"이것은 강력한 부적이야." 치루마는 기쁨에 넘쳐서 혼자 중얼거렸습니다. "이제 우리는 퀘잘이 영원히 살게 될지 지켜보자구."

다음날 아침, 퀘잘은 깃털 달린 목걸이가 사라졌다는 것을 알았습니다. 그는 공포에 휩싸였습니다. 그는 조용히 예언가가 살고 있는 숲으로 달려갔습니다. 퀘잘은 예언가가 그를 도와줄 것이라고 확신했습니다. 불행하게도 치루마가 퀘잘을 미행하고 있었습니다. 숲의 지름길을 통해서 사악한 삼촌은 예언가의 집에 퀘잘보다 먼저 도착했습니다. 거기서 그는 활과 화살을 가지고, 나무 뒤에 숨어 있었습니다.

퀘잘이 예언가의 집 가까이 도착했을 때, 그는 수많은 벌새들의 날아다니는 소리를 들었습니다. 그러나 그 경고는 너무 늦게 울렸습니다. 화살 하나가 공중으로 날아와 퀘잘의 가슴에 꽂혔습니다.

예언가는 밖에서 나는 소란스러운 소리는 들었지만, 퀘잘을 구하기에는 너무 늦었습니다. 예언가가 숲 속으로 도망가는 잔인한 삼촌을 보자 소리질렀습니다. "너는 행운의 부적을 훔쳤지만, 그것의 마력은 단지 퀘잘에게만 통해. 그것이 너를 보호해주지는 않을 거다."

그렇지만 치루마는 이 말을 듣지 못했습니다. 그는 서둘러서 마을로 돌아갔기 때문입니다. 그는 모든 사람들에게 적 한 명이 새족장을 죽였다고 말했습니다. 치루마가 하는 말을 조용히 듣기만 하였습니다. 신들이 그들 방식대로 치루마에게 벌을 내리리라는 것을 그는 알고 있었기 때문입니다.

신들은 퀘잘에게 한 약속을 지켰습니다. 그들은 그를 과테말라의 숲에 지금도 살고 있는 아름다운 한 마리의 새로 변신시켜 놓았습니다. 새의 몸은 퀘잘이 죽었을 당시 그가 누워있던 풀과 같은 녹색입니다. 새의 가슴은 피의 색입니다. 연푸른 꼬리는 90센티에서 180센티까지 길어, 그 새가 나뭇가지에 앉아 있으면, 꼬리가 나뭇가지 아래로 드리워집니다.

예언가는 죽기 전에 모든 사람들에게 전사 퀘잘에게서 퀘잘새가 생겨났다고 말했습니다. 그 새는 언제나 과테말라에서 신성시되었으며, 함부로 사냥할 수도 없습니다. 이 새는 퀘잘이라 불리는 동전뿐만 아니라, 과테말라의 전통의상 문장에도 새겨져 있습니다. 이렇게 해서 이 젊은 족장은 정말로 영원히 살게 되었습니다.

나무꾼의 딸과 사자 (프에르토리코 민담)

옛날에 한 나무꾼이 살았습니다. 그 나무꾼은 매일 나무를 하러 숲으로 갔습니다. 어느 날 나무꾼이 도끼로 나무를 치고 있을 때 크고 무서운 사자가 나타났습니다. 나무꾼은 생명에 위협을 느끼자 땅바닥에 엎드려 사자에게 잡아먹지 말라고 빌었습니다. 나무꾼은 자신이 세 딸들을 돌보기 위해 열심히 일을 해야 하는 가난한 나무꾼이라고 말했습니다.

이 말을 듣자 사자는 나무꾼에게 "좋다, 너를 잡아먹지 않으마. 하지만 너는 나와 약속을 해야만 한다." 라고 말하였습니다. 나무꾼은 이 제안을 듣고 기뻐했습니다. 그리고 나무꾼은 사자가 요구하는 것이 무엇이든 간에 약속을 지키겠다고 맹세했습니다.

사자가 말했습니다. "네가 오늘 오후에 집으로 돌아갈 때 제일 먼저 너를 맞이하러 나오는 것을 나에게 내일 데리고 온다는 약속을 하면 나는 너를 잡아먹지 않을 것이다."

나무꾼은 이 약속을 듣자 더욱 기뻐했습니다. 나무꾼은 자신의 목숨을 맹수인 사자에게서 아주 쉽게 구할 수 있었다고 생각했습니다. 그도 그럴 것이 지금껏 항상 그를 제일먼저 맞이하러 나오던 것은 바로 그의 작은 강아지였기 때문이었습니다. 그래서 그는 이 생각을 하며 사자와 약속을 했습니다.

그날 오후 나무꾼은 나무더미를 챙겨서 집으로 향하였습니다. 집으로 향하는 나무꾼은 대단한 행복감을 느꼈습니다. 그러나 그 행복감은 곧 슬픔으로 바뀌었습니다. 나무꾼이 집 근처에만 와도 그를 향해 달려오던 작은 강아지 대신, 그의 막내딸이 달려나온 것입니다. 소녀는 달려와 아버지를 감싸 안았습니다. 그러면서 소녀는 아버지에게 강아지가 발톱에 가시가 박혀서 집안에 있다고 말하였습니다.

나무꾼이 집으로 들어오자 그의 딸들은 아버지가 슬퍼하는 모습을 보았습니다. 딸들은 아버지에게 무엇 때문에 그렇게 슬퍼하시는 것인지 물어보았습니다. 나무꾼은 울면서 딸들에게 그가 숲에서 만난 사자와 그의 목숨을 대신한 사자와의 약속, 그리고 그 약속을 지키기 위해 어떻게 내일 막내딸을 데리고 가야하는지 이야기를 해주었습니다. 그는 그의 딸들을 매우 사랑했으나 약속을 지켜야만 했습니다. 아버지는 어찌 해야 할 바를 알지 못했습니다.

다른 두 딸들 보다 더 아버지를 사랑한 막내딸은 아버지에게 걱정하지 마시라고 말했습니다. 막내딸은 내일 아버지와 함께 사자를 만나러 가는 것이 하나도 두렵지 않다고 말했습니다.

다음 날 아침 나무꾼과 막내딸은 사자를 만나러 갔습니다. 그들이 전날 사자가 나타났던 숲 속의 그 자리에 도착하자 그곳에서 사자가 이미 그들을 기다리고 있었습니다. 나무꾼은 사자에게 약속으로부터 자신을 자유롭게 해달라고 간청했습니다. 나무꾼은 사자에게 자신은 딸을 너무 사랑해서 딸을 잃고서는 견딜 수 없다고 말했습니다. 그러나 사자는 나무꾼의 부탁을 거절하고 딸에게 말했습니다. "나를 따라와라" 그런데 사자는 딸을 데리고 떠나기 전에 나무꾼에게 근처에 있는 나무 밑을 파보면 그 뿌리에서 금을 발견할 수 있을 것이라고 말해주었습니다. 그리고 나서 사자는 동굴 안으로 들어갔고, 울고 있는 아버지를 홀로 남겨둔 채 막내딸도 사자를 따라 들어갔습니다.

그들이 가고 난 뒤, 나무꾼은 사자가 한 이야기를 기억했습니다. 그는 나무 밑을 파보았고 정말로 그 곳에서 많은 금화를 발견하였습니다. 그는 그것들을 집으로 가져갔습니다. 많은 돈으로 그와 남은 두 딸들은 일을 열심히 하지 않아도 살아 갈 수가 있게 되었습니다.

그러는 동안 막내딸은 사자를 따라 지하 궁전으로 갔다. 그곳에서 소녀는 지금껏 꿈꿔왔던 수많은 아름다운 옷들과 보석들 그리고 모든 아름다운 것들을 보았습니다. 사자는 매우 친절했으며 소녀가 원하는 모든 것은 뭐든지 소녀에게 다 주었습니다.

그렇지만 몇 달이 지나자 딸은 불행함을 느끼기 시작했습니다. 소녀는 가족이 그리웠습니다. 어느 날 사자는 소녀에게 왜 그렇게 슬퍼하는지 물어보았습니다. 소녀는 사자에게 자신이 슬퍼하는 이유는 오랫동안 언니들과 아버지를 볼 수가 없었기 때문이라고 말했습니다. 그러자 사자는 소녀에게 내일 가족들을 만나고 오라고 말하며 그 대신 다음 날 동이 트기 전 새벽닭이 울기 전에 돌아와야 한다고 말했습니다. 이 말을 듣고 그녀는 다시 행복감을 느꼈습니다.

다음 날 아침, 소녀가 동굴에서 나오자 밖에는 소녀의 아버지가 살고 있는 집까지 바래다 줄 마차 한대가 대기하고 있었습니다. 소녀가 집에 도착하니, 소녀가 살아있고, 또 사자가 친절하게 대해준다는 사실을 안 가족들은 모두 기뻐했습니다. 다음 날 동이 트기 전에 소녀는 가족들에게 작별인사를 하고 마법에 빠진 성으로 돌아가는 마차에 몸을 실었습니다.

또다시 몇 달이 지나자 소녀는 슬퍼졌습니다. 그러자 사자는 소녀에게 한 번 더 집에 다녀오라고 말했습니다. 그리고 소녀에게 새벽닭이 울기 전에 돌아와야 한다는 것을 다시 한 번 상기시켰습니다. 행복한 마음으로 소녀는 집으로 가는 마차에 올라탔습니다. 소녀가 집에 도착하자 소녀의 아버지가 아프다는 것을 알았습니다. 소녀는 아버지께 약을 드리고 잘 보살펴 주었습니다. 아버지의 병환을 보살피는데 너무 바빴던 소녀는 다음 날 동이 트고 새벽 수탉의 울음소리조차도 알아채지 못했습니다.

그리고, 무슨 일이 일어났는지 알아차린 소녀는 매우 놀랐습니다. 소녀는 아버지와 언니들에게 서둘러 작별인사를 하고 재빠르게 자신을 데려온 마차가 있는 곳으로 갔습니다. 소녀는 사자와의 약속을 지키지 못한 것을 매우 미안해하며 숲 속으로 가 사자를 처음 만난 나무 근처에 이르렀습니다. 그러나 그곳에는 아무 것도 없었습니다. 소녀는 계속해서 걸었고 동굴의 입구에 왔으나 입구는 닫혀있었습니다. 소녀는 주저앉아 울었습니다. 울고 있는데 사자의 목소리가 들려왔습니다. 사자는 사실 자기는 왕자인데 마법에 걸린 것이라고 말했습니다. 그리고 그녀가 그 마법을 거의 풀어줄 뻔했다고 말하였습니다. 그러나 지금부터 그의 마법을 풀어 그를 자유롭게 해주기 위해서는 그를 찾기 전에 쇠구두를 신고 그 구두가 닳아버릴 때까지 전 세계를 걸어서 돌아다녀야 한다고 말해주었습니다.

소녀는 눈물을 흘리며 사자에게 그렇게 하겠다고 약속하였습니다. 소녀는 대장장이에게 가서 쇠구두를 만들어 달라고 말했습니다. 소녀는 그 구두를 신고 사자를 찾아 전 세계를 걸어 다니기 시작하였습니다.

소녀는 여러 해 동안 사자를 찾아 다녔습니다. 쇠 구두의 밑바닥이 종이 한 장과 같아질 정도로 닳아갔을 때, 소녀는 햇님의 집에 도착하게 되었습니다. 햇님은 마법에 걸린 사자가 어디에 있는지 모른다고 하였으나, 달님은 알지도 모른다고 하였습니다. 소녀가 달님의 집에 도착하였을 때 달님은 밤에 큰 산 뒤의 성에서 그를 보았다고 말하였습니다. 소녀는 큰 산을 향해 떠나갔습니다.

산을 넘어보니 그 곳에는 커다란 문이 잠겨있는 것을 보았습니다. 소녀는 문을 계속 두들겨보았으나 아무도 문을 열어주지 않았습니다. 절망감에 소녀는 구두 한 짝을 벗어서 문을 향해 던져보았습니다. 그 순간 문 활짝 열렸습니다. 그리고 마술처럼 멋있는 왕자님이 나타났고 그 왕자님은 소녀를 감싸 안았습니다. 그리고 그 왕자는 자신이 바로 마법에 걸렸던 사자였다고 말해주었습니다. 소녀의 사랑과 충성심으로 인해 왕자에게 걸린 악한 마법이 풀리게 된 것이었습니다.

그리고 소녀는 기쁨으로 가득 찼고 왕자와 행복하게 살았습니다. 그리고 아버지와 두 언니들도 소녀와 함께 행복하게 살았습니다.

잔치에 초대된 곰 (알래스카 인디언 설화)

알래스카에 한 노인이 살고 있었습니다. 그는 친구와 가족을 모두 잃었기 때문에 혼자만 남겨졌다는 생각에 매우 슬펐습니다. 그는 이곳을 떠나 다른 마을에서 새로운 삶을 살아야 하는지를 고민하기 시작했습니다. 그러나 한편으로는 걱정도 되었습니다. "내가 다른 동네로 들어가서 혼자 살고 있는 모습을 사람들이 보면, 마치 내가 수치스러운 일이나 해서 마을에서 쫓겨났다고 사람들이 손가락질할지 몰라." 그래서 그는 혼자 숲 속으로 들어가기로 작심했습니다.

노인은 숲 속을 거닐면서 생각했습니다. 곰들이 사는 곳으로 찾아가 자신을 죽이게 해야겠다고. 곰마을은 커다란 연어 시냇가 어귀에 있어서 그는 아침 일찍 시냇가로 가, 곰의 오솔길을 찾아 길 끝에 누워있었습니다. 곰들이 이 오솔길에 들어서면 자기를 잡아먹을 것이라고 생각했습니다.

기다리며 누워있는 동안, 덤불 사이로 소리가 들렸고 회색곰 떼가 몰려오는 것이 보였습니다. 제일 덩치가 큰 곰이 다른 곰들보다 앞장섰고 털끝이 흰색인 놈이었습니다. 그러자 노인은 겁이 나기 시작했습니다. 그는 고통스럽게 죽고 싶지 않다는 것을 갑자기 깨닫고 자신이 곰의 먹이로 뜯기는 장면을 상상했습니다. 그래서 우두머리 곰이 다가오자, 그는 일어서서 말했다. "나는 너희를 잔치에 초대하고자 왔어."

그 말에 곰은 털을 곤추 세웠고, 노인은 이제 끝장났다고 생각했지만 다시금 말을 했습니다. "나는 너희를 잔치에 초대하려고 왔어. 그렇지만 나를 죽일 거라면 나는 기꺼이 죽을 거야. 나는 외톨이야. 나는 가족, 재산, 친구 모두를 잃었어."

그가 말을 마치자 우두머리 곰은 뒤돌아서서 뒤따르는 곰들에게 울음소리를 냈습니다. 그런 다음 곰은 다시 돌아서 갔고 나머지 곰들도 그의 뒤를 따라갔습니다. 그 후에 노인은 일어나 마을로 재빨리 돌아갔습니다. 제일 큰 곰이 무리에게 자신들이 잔치에 초대를 받았으니 돌아가자고 했으리라고 그는 짐작했습니다.

집에 도착하자 노인은 청소를 시작했습니다. 화덕 속에 오래 묵은 모래를 깨끗한 모래로 바꾸었습니다. 그리고는 땔감을 가지러 갔습니다. 마을 사람들에게 그가 무엇을 할 건지 그리고 왜 그러는지를 말하자 사람들은 두려움에 떨며 말했습니다. "도대체 왜 이런 일을 하십니까? 회색곰은 우리의 적입니다." 그 후 노인은 윗도리를 벗고 자기 몸에 물감을 칠하기 시작했습니다. 그는 팔 근육에 붉은 줄무늬를 그렸고, 심장을 가로지르는 줄과 가슴 윗부분에 줄 하나를 더 그었습니다.

모든 것이 다 준비되었고, 이른 아침 그는 문 밖에서 곰들이 오기를 기다렸습니다. 드디어 그는 시냇가 어귀에 어제 본 거대한 회색곰을 따르던 곰들이 다가오는 광경을 목격했습니다. 그러나 마을 사람들은 공포에 질려 문을 걸어 잠그고는 집 밖으로 나오지를 못했습니다. 그렇지만 노인은 곰들을 맞이하기 위해 문 밖에 서있었습니다. 그리고 그는 곰들을 집 안으로 데리고 들어와 앉을 자리를 주었고, 우두머리를 집안 맨 뒤 중앙에 앉히고 나머지는 우두머리 옆으로 둘러앉게 하였습니다.

먼저 노인은 기름에 재어 보관한 크렌베리 열매를 가득 담아 대접

했습니다. 거대한 덩치의 곰은 무리에게 무언가를 말하는 듯하였고, 말을 마치자마자 모두가 먹기 시작했습니다. 곰들은 모두 우두머리만 지켜보았고 그가 하는 행동을 모두 따라했습니다. 주인은 그 뒤를 이어 다른 여러 가지 음식을 내놓았고 마침내 식사가 끝나자, 커다란 곰이 노인에게 한참동안 말을 하는 것처럼 보였습니다. 곰이 말 도중에 자꾸 굴뚝을 쳐다보며 말을 이어나갔기 때문에 노인은 곰이 연설을 하고 있다고 생각했습니다. 말을 마치자 곰은 밖으로 나갔고 나머지 곰들도 모두 그를 따라 나갔습니다. 곰들은 차례차례 나가며 한 마리씩 주인의 팔과 가슴을 핥고 지나갔습니다. 노인은 그들이 그의 아픔을 핥아 없애는 듯한 느낌이 들었습니다.

이 모든 것이 일어난 다음 날, 가장 덩치가 작은 곰이 인간의 형체로 돌아와 노인에게 노인의 모국어인 트린기트어로 말을 했습니다. 그는 한때 인간이었으나 곰들에게 붙잡혀 곰 가족의 일원이 되었다고 말했습니다. 곰인간은 노인에게 우두머리의 말을 알아들었는지 물어보았고, 노인은 못 알아들었다고 대답했습니다.

"대장은 당신에게 이렇게 말했습니다." 곰인간이 대답했습니다. "그는 당신과 같은 처지에 있다고, 그 또한 당신처럼 늙고 모든 친구들을 잃은 상태라고 말입니다. 그는 당신을 만나기 전에 당신에 대해 들어본 적이 있다고 합니다. 당신이 잃은 사람들이 그리워질 때면 자기를 생각해달라고 말했습니다."

노인이 이 사람에게 왜 어제 이 얘기를 해주지 않았냐고 물어보았을 때, 그는 우두머리와 함께 있을 때에는 자신의 모국어를 사용할 수 없다고 대답했다.

바로 이 사건 때문에 그 후로는 노인들이 회색곰을 죽일 때마다 그 가죽에 줄무늬를 긋기 시작했다고 전해집니다. 또한 그들이 잔치를 베풀 때 비록 어느 누가 그들의 적일지라도 그를 잔치에 초대했다고 합니다. 노인이 곰들과 친구가 되었듯이 그들도 서로 친구 관계가 되었다고 한다.

진정한 영웅 (멕시코 인디언 설화)

옛날 과달라자라에는 아주 나이 많은 노인이 살았습니다. 그에게 여생은 그리 많이 남아있지 않았습니다. 노인은 자신이 갖고 있는 재산인 다이아몬드를 세 아들 중 한 명 남겨주길 원했습니다. 그러나 노인은 어느 아들에게 주어야 할지 정할 수가 없었습니다.

그는 방으로 세 아들을 불러서 다음과 같이 말했습니다.

"얘들아, 나는 부자가 아니란다. 내 소유물 중 가치 있는 것이라곤 오직 이 다이아몬드밖에 없다. 이것은 수 세대 동안 우리 가문에 내려왔던 것이다. 그러니 난 이것을 팔고 싶지 않다. 왜냐하면 이것은 팔 수도 없고 나눌 수도 없기 때문이다. 그래서 나는 너희들 중 한 명에게 이것을 주려한다. 이번 주 안으로 가장 훌륭한 일을 한 아들에게 이 다이아몬드를 주겠다. 어서 가라. 일주일 후에 무슨 일을 했는지 말해다오."

일주일이 지나고 아들들이 돌아왔습니다. 아들들은 아버지가 그 전보다 훨씬 약해졌음을 알게 되자 그의 곁을 떠날 수가 없었습니다. 아버지는 아들 각각에게 무슨 일을 했는가를 물어보았습니다.

"아버지." 하고 첫째 아들이 말했습니다. "저는 가치 있는 일에 대해 생각해 보았습니다. 결국 제가 생각한 것이란, 저의 모든 재산 목록을 짜서 그것을 반으로 나눈 후, 이 도시의 가난한 사람들에게 주는 것이었습니다."

노인은 머리를 가로저었습니다. "오, 잘했구나. 하지만 그것만으로는 충분하지 않다. 사람들은 가능한 많이 가난한 이들을 도와주어야 한단다."

"아버지." 하고 둘째 아들이 말했습니다. "하루는 제가 일터에서 집으로 돌아오고 있는데 리오그란데 강에 빠진 어린 소녀를 보았습니다. 저는 수영을 잘 못하지만 그 강으로 뛰어 들어갔어요. 전 거의 익사할 뻔했지만 그 소녀를 밖으로 끌어내고 생명을 구해 주었습니다."

"역시 훌륭한 일을 했구나. 하지만 모든 사람들이 아이를 구하기 위해서 자신의 위험을 무릅쓰는 의지가 있어야 한단다."

그러자 셋째 아들이 그에게 일어난 일을 말했습니다. "아버지, 굉장한 일이 제게 일어났어요. 어느 날 아침, 저는 담요에 싸여 절벽 가장자리에서 잠을 자고 있는 남자를 보았습니다. 만약 그가 자다가 움직였다면, 아마 절벽에서 수천 피트 떨어진 계곡 아래로 떨어졌을 거예요! 저는 조용히 가까이 다가갔습니다. 왜냐하면 그를 놀라게 하기 싫었습니다. 그런데 그가 누군지 아세요? 나의 숙적인 산쵸였어요! 그는 기회 날 때마다 저를 숱하게 위협했거든요. 저는 그에게 다가갈 수 있을 만큼 가까이 갔어요. 저는 공손하게 팔을 내밀어 그를 안았습니다. 갑자기 그가 눈을 뜨더니 저를 쳐다보았어요. 저는 그가 두려워 떠는 모습을 보았고 그래서 제가 그에게 두려워하지 말라고 했어요. 그리고 절벽에서 멀리 떨어진 곳으로 굴렸어요."

"그가 그러는데, 그 전날 밤 길을 따라 왔대요. 너무 어둡고, 피곤해서 계속 갈 수가 없었대요. 그래서 길에서 벗어나 잠을 잤다더군요. 그는 자신이 어디에 있는지 몰랐대요. 아마 좀 더 걸어갔거나 자다가 돌아눕기라도 했었다면, 그는 죽었을런지도 몰라요."

"산쵸가 저보고 말했어요. '네가 내 생명을 구해줬어. 친구!!! 전에 내가 너를 죽이려고 협박했는데도!"

"우리는 서로 손을 맞대고 영원히 친구가 되기로 맹세했어요. 우리는 눈물을 흘리며 비록 이 전에는 서로 적이었지만 이제는 친구가 되었다고 생각했어요."

노인이 말했습니다. "이것이야말로 아름다운 이야기이고, 훌륭한 행동으로 말미암아 영웅이 된 사람의 좋은 예구나. 매우 극소수의 사람만이 적을 돕기 위해 자신의 생명을 무릅쓰고 위험을 감수하려 한단다. 너야말로 진정으로 훌륭한 사람이구나. 이 다이아몬드는 너의 것이다."

무지개 끝에는 (다인/나바호)23)

아주 오래전 신성을 지닌 최초의 여성이 창조되었고 나흘만에 완전히 성인이 되었습니다. 다인(나바호) 인디언 남자는 그녀를 아내로 맞이하고 싶었습니다.

그녀는 그 누구도 사랑하지 않았지만 그들 중 가장 잘생긴 남자를 좋아했습니다. 가장 매력적인 남자는 태양신이라고 생각했습니다. 물론 그는 결코 그녀의 남편이 될 수 없다고 생각했습니다.

놀랍게도, 하루는 태양신이 그녀 뒤로 다가와서는 새깃털로 그녀의 목을 부드럽게 간지럽혔습니다. 그녀는 따사로운 햇살에 취해 있었고, 마법으로 태양신의 아내가 되었고, 그는 그녀의 첫아기 즉 아들의 아버지가 되었습니다.

그 후 머지않아 여신은 물방울이 똑똑 떨어지는 암벽 아래서 쉬고 있었습니다. 조만간 여신은 물의 신이 아비인 두 번째 아들을 낳았습니다. 두 소년은 나이가 거의 같아서 여신의 쌍둥이 아들로 알려졌습니다.

그들은 후에 다인(나바호)의 땅이 된 아름다운 협곡에서 살았습니다. 그 무렵 거대한 거인이 땅위를 어슬렁거리며 잡히는 족족 인간을 먹어치웠습니다. 그는 여신을 발견했지만 첫눈에 그녀의 미모에 반해 그녀를 죽일 수가 없었습니다.

---

23) 나바호족(Navaho)은 북미 인디언 중 아사파스칸(Athapascan)계인 남부의 주요 부족: 뉴멕시코(New Mexico)주 및 애리조나(Arizona)주에 거주하며, 현재는 미국 최대 부족을 이루고 있다.

여신은 거대한 거인의 악행에 대해 알고 있어서 그와 상대조차 하지 않으려 했습니다. 그는 그녀의 덧집 밖에 난 쌍둥이의 발자국을 보았을 때 그녀에 대한 질투심이 생겨났습니다.

그녀는 거대한 거인이 다가오는 것을 보자 재빨리 마룻바닥 가운데 구멍을 파서 자신이 사랑하는 두 아들을 거기에 숨겨놓았습니다. 평평한 사암바위로 된 덮개를 덮고 그 위에 먼지를 뿌려 거대한 거인이 쌍둥이 아들을 찾지 못하게 했습니다.

또 다음날 거대한 거인은 아이들의 행적을 보았습니다.

"이 애들이 어디서 왔지?" 거인이 여신에게 물었습니다.

"난 애가 없어요." 여신이 대답했습니다. 그녀는 거인이 쌍둥이를 찾으면 죽이리라는 것을 알고 있었습니다.

"솔직히 말해." 거인이 말했습니다. "난 바로 이 흙에서 아이들의 발자국을 봤어."

여신은 있는 힘껏 웃으면서 말했습니다. "저것은 내 손자국들이야. 애들이 없어 아주 허전한 난 이처럼 손목과 손가락 끝으로 자국을 만들면서 흉내만 내. 이것들이 내 아이들의 흔적이지."

"이젠 널 믿겠어." 거인이 대답했습니다.

쌍둥이들이 더 커지자, 어머니는 그들을 더 이상 숨길 수가 없었습니다. 하루는 거인이 그들을 보고는 잡으려 하자 아들들의 안전이 걱정스러웠습니다. 그러나 쌍둥이는 재빨리 달아났습니다.

여신을 만든 신령이 태양의 아들을 위해 삼목으로 만든 활을 갖고 나타났습니다.

"사냥하는 법을 배울 때가 왔다." 신령은 그에게 말했습니다.

"이제 남동생을 위해 화살과 또 하나의 활을 만들어야겠다." 여신은 태양의 아들에게 말했습니다.

"저희 아버지를 위해 사냥하고 싶습니다." 태양의 아들이 말했습니다. "어머니, 아버지가 누구시죠? 어디 사시나요?"

"너의 아버지는 태양신이란다. 그러나 동쪽 멀리 떨어진 곳에 산단다." 여신은 대답했습니다.

다른 활은 물의 아들의 위해 만들어졌고 수많은 화살은 두 아들을 위한 것이었습니다. 두 아들은 동쪽을 향해 여행을 떠났고 가능한 멀리까지 갔지만 태양신을 찾는데 실패했습니다. 그들은 집으로 돌아와 물었습니다. "어머니 저희에게 거짓말을 하셨나요? 동쪽을 두루 살펴보았지만 아버지 태양신을 찾을 수 없었습니다."

"남쪽으로 갔을 게다." 그녀는 말했습니다. 또다시 쌍둥이 형제는 또 다른 여행, 이번에는 남쪽을 향해 떠났지만 성공하지 못한 채 돌아왔습니다.

"서쪽으로 가보렴. 서쪽에서도 아버지를 찾지 못하면 그 다음엔 북쪽으로 가보렴." 여신이 말했습니다.

여신은 쌍둥이 형제에게 다시 사냥여행을 떠나게 했고, 그들이 떠나 거대한 거인의 시야에서 벗어나길 바랐습니다. 여러 달이 지난 후 쌍둥이 형제는 돌아와서 말했습니다. "어머니, 저희에서 네 번이나 거짓말을 하셨나요? 아버진 북쪽에도 서쪽에도 없었습니다."

"아들들아. 이제 너희에게 진실을 말하마." 여신이 말했습니다. "너의 아버지 태양신과 물신은 저 멀리 서부 대해 한가운데 살고 있다. 여기와 그곳 사이에는 절벽들인 서로 부딪치는 너희를 압사시킬 거대한 협곡이 있다."

"너희가 그 협곡을 통과한다 손치더라도 가로질러 가야만 하는 끔찍한 갈대밭이 있단다. 긴 칼 같은 날카로운 잎들이 너희를 산산조각 낼 것이다."

"설혹 갈대밭을 빠져나올지라도 대해에 도달하기 전에 먼저 나타날 그랜드 캐넌을 너흰 절대로 건너지 못할 것이다. 아버지의 집이 서부 대양 한가운데 있는 물을 너희는 절대로 건널 수 없을게다."

"하지만 어머니 저흰 가서 아버지를 찾고 싶습니다."라고 쌍둥이 형제는 말했습니다.

여신은 쌍둥이에게 다음 여행을 위한 수호의 노래를 가르쳤습니다.

"저흰 아버지인 태양신과 물신을 찾아 보이지 않는 길을 여행할 것입니다."

여신은 이 노래를 마법의 숫자인 네 번 부르게 했습니다. 그들이 여행을 하면서 날마다 보호받기 위해 이 노래를 불렀습니다.

땅속에 작은 거미 구멍을 지나가던 어느 날, "쉬"라고 네 번 말하는 소리를 들었습니다. 쌍둥이 형제가 구멍을 살펴보다 거미여인을 보았습니다.

"날 두려워마라. 내가 너의 할머니다. 내 집으로 들어오려므나." 그녀는 네 번 말했습니다. "저희는 들어갈 수가 없습니다. 출입문이 너무 작습니다."라고 쌍둥이 형제는 말했습니다.

"동풍, 남풍, 서풍, 북풍으로 입김을 불거라." 거미여인이 소리쳤습니다.

쌍둥이 형제는 사방으로 입김을 불었고 입구도 입김이 나갈 수 있을 정도로 넓어졌습니다. 내심 놀란 그들은 집 벽이 거미줄에 감긴 뼈다귀 다발, 정확하게 거미들이 파리를 거미줄에 감는 바로 그런 식으로 덮혀 있음을 알았습니다.

"애들아 무서워마라" 거미부인은 말했습니다. "이것들은 내가 죽인 악한들의 뼈란다."

거미부인은 쌍둥이들이 여행 중에 만난 것들에 대해 얘기를 나누었습니다. 그녀는 수호의 노래를 가르쳐주며 그들이 도중에 겪게될 장애를 극복하는 법을 설명해주었습니다. "너의 각자에게 마법의 깃털을 주마. 여행하면서 앞에 이것을 쥐고 있으면 곧바로 혹은 옆길로 너희를 안전하게 앞으로 나가게 해줄게다." 거미부인은 쌍둥이 형제에게 말했습니다.

"빨강머리에 줄무늬 등을 가진 작인 인간은 조심하거라. 그는 단지 귀뚜라미보다 조금 더 큰 모래 전갈을 닮았을 게다." 그녀는 설명했습니다.

"할머니 고맙습니다. 갈게요." 쌍둥이 형제는 말했습니다.

여러 날 후 쌍둥이는 땅속에서 나는 목소리를 들었습니다. 빨간 머리를 가진 작은 인간이 낸 소리였습니다.

"너무 작다고 날 놀리지 마라." 그는 말했습니다. "난 너희를 도울 수 있고 또한 돕고 싶다. 손을 땅위에 놓고 네 번 침을 뱉으렴. 그리곤 주먹을 쥐어 대해에 갈 때까지 그 침을 담아둬라. 거기서 침을 씻어낼 수 있다."

쌍둥이 형제는 들은 대로 정확하게 했고 빨강머리를 가진 작은 인간에게 감사를 표하고서 다시 여행을 떠났습니다. 조만간 서로 부딪치던 협곡의 벽이 그들 앞에 어렴풋이 나타났습니다.

그들은 거미 부인의 기도문을 반복하며 마법의 깃털을 옆으로 쥐었습니다. 그들이 앞으로 움직이자, 부딪치려던 벽은 쌍둥이들이 안전하게 걸어 통과할 수 있을 정도로 멀찍이 떨어져 멈추었습니다.

날카로운 갈대밭 정글로 들어섰을 대, 쌍둥이들은 마법의 깃털로 갈대 끝을 만지면서 다시 거미부인이 가르쳐준 노래를 불렀습니다. 보라! 갈대는 부들로 변하면서 쌍둥이들이 지나갈 수 있게 넓은 오솔길을 재빨리 만들어 주었습니다. 쌍둥이 형제들을 어리둥절하게 만든 것은 거대한 절벽이었습니다. 그들은 절벽 가장자리를 빙빙 완벽한 원을 그리면서 걸어다니다 마침내 출발지로 돌아왔습니다.

더 이상 앞으로 나가가지 못하자 그들은 어머니와 거미부인인 가르쳐준 노래를 불렀습니다. 되풀이하며 기도도 했습니다. 그들이 눈을 떴을 때 아름다운 무지개가 나타나 콜로라도 강 그랜드 캐년을 건너 갈 수 있는 거대한 다리를 만들어 놓았습니다.

이 극적인 일이 있은 뒤, 쌍둥이 형제는 오랫동안 서쪽을 향해 눈앞에 큰 바다가 보일 때까지 갔습니다. 물은 아주 멀리가지 퍼져있었고 쌍둥이는 궁금했습니다. "우리가 알기론 태양신의 터키석 집은 큰 바다 한가운데 있다는데 그곳으로 어떻게 가지?"

쌍둥이 형제는 물가로 걸어 내려가서 침을 손에서 씻어내며 동시에 노래와 기도를 했습니다.

보라! 무지개가 다시 나타났다! 무지개의 긴 다리는 그들 앞에 나타나 물가에서 터키석 집까지 이어 놓았습니다.

무지개 다리 위를 쌍둥이 형제가 행복하게 달려가 그들의 두 아버지, 태양신과 물의 신을 찾아갔고 두 아버지는 무지개 끝에 있는 터키석 집에서 두 아들을 맞이했습니다.

거인을 죽인 코요테 (플랫헤드)[24]

하루는 코요테가 산책하던 중 한 노파를 만났습니다. 노파는 인사를 하며 코요테에게 어디 가느냐고 물었습니다.

"그냥 어슬렁거리고 있습니다." 코요테가 말했습니다.

"그쪽으론 가지 않는 게 좋아. 그렇지 않으면 닥치는 대로 죽이는 거인을 만날 거야."

"아, 거인은 절 위협하지 않는답니다." 거인을 한 번도 만난 적이 없는 코요테가 말했습니다. "제가 그들을 늘 죽였거든요. 이번에도 역시 싸워서 끝장내버리겠어요."

"거인은 네가 생각하는 것보다 더 크단다." 노파가 말했습니다.

"상관없어요." 코요테가 말했고, 거인이 대충 큰 수사슴만큼 클 것이라고 결정하고는 쉽게 죽일 수 있으리라고 판단했습니다.

그래서 코요테는 노파에게 작별인사를 하고는 휘파람을 불며 계속 걸어갔습니다. 도중에 곤봉처럼 보이는 쓰러진 큰 나뭇가지를 보았습니다. 그것을 주우며 그는 혼잣말을 했습니다. "이것으로 거인의 머리를 내리쳐야지. 이건 거인을 죽일 만큼 크고 무겁군." 그는 오솔길 바로 중간 지점에 있는 큰 동굴로 갔습니다. 휘파람을 경쾌하게 불면서 안으로 들어갔습니다. 갑자기 코요테는 땅위를 기어다니는 여자를 만났

---

24) 플렛헤드족(Flathead)은 스포케인족(Spokane)의 한 지파로서 유아기 때 아이를 딱딱한 침대 머리판에 묶어 머리를 납작하게 만든 풍속에서 유래하였다.

습니다. "왜 이러십니까?" 그는 물었습니다.

"난 굶어 죽어가고 있네. 너무 허약해서 걸을 수도 없다네. 근데 그 막대기로 뭘 하려는가?" 여자는 말했습니다.

"이것으로 거인을 죽일거예요." 코요테가 말했습니다. 그리고는 거인이 숨어있는 곳을 아는지 물었습니다.

여자는 비록 허약했지만, 웃으면서 말했습니다. "넌 이미 거인 뱃속에 있어."

"어떻게 내가 거인 뱃속에 있을 수 있죠?" 코요테는 물었습니다. "난 거인을 만난 적도 없는데."

"거인 입 속으로 들어오며 자넨 그것이 동굴이라고 아마 생각했을 게야." 노인은 말하며 한숨을 지었습니다. "걸어 들어오기란 쉽지만 아무도 걸어나가진 못하지. 이 거인은 너무 커서 눈으로는 파악이 안 된다네. 거인의 배는 어마어마한 골짜기로 꽉 채워져 있어."

코요테는 막대기를 집어던지고 계속 걸어갔습니다. 거인이 그밖에 뭘 더 할 수 있지? 곧이어 코요테는 거의 반쯤 죽어 누워있는 상당히 많은 사람들을 만났습니다.

"어디 아프세요?" 그가 물었습니다.

"아닐세. 배고파 굶어 죽어갈 뿐이네. 거인 뱃속에서 함정에 빠진 거지." 사람들은 말했습니다.

"어리석군요." 코요테는 말했습니다. "정말로 우리가 거인 뱃속에 있다면, 동굴 벽은 거의 위벽일거예요. 거인에게서 얼마간의 고기와 비계를 잘라낼 수 있습니다."

"우린 그런 생각을 절대로 하지 못했네." 사람들은 말했습니다.

코요테는 사냥용 칼을 꺼내서 동굴 벽에서 덩어리들을 자르기 시작했습니다. 그가 추측한대로, 그 덩어리는 진짜로 거인의 비계와 고기였고, 굶주린 사람들에게 그것을 먹였습니다. 심지어 되돌아가 처음 만났던 여자에게도 약간의 고기를 주었습니다. 그러자 거인의 뱃속에 갇혀있던 모든 사람들은 점점 튼튼해졌고 점점 더 행복해졌습니다. 그러나 완전히 행복한 것은 아니었습니다. "당신이 우리에게 먹을 것을 주었네. 고맙네. 하지만 우린 여기서 어떻게 벗어나지?" 사람들은 말했습니다.

"걱정마세요." 코요테는 말했습니다. "심장을 칼로 내리쳐서 제가 거인을 죽일 겁니다. 심장이 어디 있죠? 여기 어디쯤 분명히 있을 텐데."

"저기 훅훅 연기를 피우며 쿵쿵 소리를 내는 화산을 봐라. 아마 저게 심장일거야." 누군가가 말했습니다.

"그래 맞네. 친구." 코요테는 말했고 그 산을 내리치기 시작했습니다.

그러자 거인은 크게 소리쳤습니다. "너 이놈 코요테지? 너에 대한 소문은 익히 들었다. 단도질과 절단을 멈추고 날 가만히 내버려둬라. 넌 입으로 나갈 수 있다. 내가 널 위해 입을 벌리겠다."

"난 나가긴 나가는데 아직은 아니다." 심장을 난도질하며 코요테가 말했습니다. 그는 다른 모든 사람에게도 준비하라고 말했습니다. "내가 거인에게 죽을 만큼의 고통을 가하자마자 지진이 일어날 겁니다. 거인은 입을 벌려 마지막 숨을 쉬겠죠. 그리곤 입을 영원히 닫을 겁니다. 그러니 빨리 달릴 준비를 하세요."

코요테가 거인 심장에 깊은 구멍을 파자 용암이 흘러나오기 시작했습니다. 바로 거인의 피였습니다. 거인은 신음소리를 냈고 사람들 발밑에 있는 땅이 요동치기 시작했습니다.

"지금 빨리요!" 코요테가 소리쳤습니다. 거인의 입이 열리자 사람들은 모두 달려나갔습니다. 마지막으로 탈출한 것은 나무진드기였습니다. 거인의 이빨이 나무진드기 위에서 닫혔습니다. 그러나 코요테는 마지막 순간에 그럭저럭 그를 잡아당겼습니다.

"저를 보세요." 나무진드기가 소리쳤습니다. "완전히 납작해졌어요."

"거인 이빨 사이로 잡아당길 때 그렇게 됐나봐." 코요테는 말했습니다. "앞으로도 넌 항상 납작한 모양이 될거다. 살아있는걸 다행으로 여겨."

버펄로 여인 (캐도)

스노우 버드라는 캐도 주술사에게는 잘생긴 아들이 하나 있었습니다. 그 소년이 성인 이름을 받을 나이가 되자, 스노우 버드는 아들이 용감하게 사냥을 했기 때문에 그를 용맹이라고 불렀습니다.

캐도 마을의 많은 소녀들은 용맹을 남편으로 맞이하고 싶었습니다. 하지만 그는 어느 누구에게도 관심이 없었습니다.

어느 날 아침 용맹은 사냥을 하러 집을 나섰습니다. 야생 사냥감을 찾으며 길을 걸어가고 있는데 그 앞에 누군가가 작은 느릅나무 아래에 앉아있었습니다. 다가가 보니 그 사람이 젊은 여자임을 알고는 놀라서 피해갔습니다.

"이리로 오세요." 여자가 유쾌한 목소리로 소리쳤습니다.

용맹이 다가와 보니 그녀는 아주 젊고 아름다웠습니다.

"당신이 이곳으로 온다는 걸 알고 있었어요. 그래서 만나러 왔습니다." 여자가 말했습니다.

"우리 부족 사람이 아니군요. 제가 이쪽으로 오리란 걸 어떻게 알았나요?" 남자가 말했습니다.

"전 버펄로 여인입니다. 전에 멀리서 여러 번 당신을 본적이 있습니다. 절 당신 집으로 데리고 가서 함께 지낼 수 있게 해 주세요." 여자가 말했습니다.

"당신을 집으로 데려갈 수는 있어요. 하지만 당신이 우리와 함께 머물러도 좋은지 부모님께 여쭤봐야 합니다." 용맹이 여자에게 대답했습니다.

두 사람은 즉시 집으로 향했고 집에 도착하자 버펄로 여인은 용맹의 부모에게 함께 머물며 이 젊은이의 아내가 되어도 좋은지 물었습니다.

"용맹이 널 아내로 맞이한다면 우린 기꺼이 허락하마." 주술사인 스노우버드가 말했습니다. "내 아들도 사랑할 사람이 필요할 때가 됐지."

그리하여 용맹과 버펄로 여인은 캐도 부족 관습에 따라 결혼을 했고 여러 달 함께 행복하게 살았습니다. 하루는 버펄로 여인이 남편에게 물었습니다.

"제가 원하는 것은 뭐든지 해주실건가요?"

"그럼. 원하는 게 타당하기만 하면." 남편이 대답했습니다.

"저와 함께 가서 저의 부족 사람들을 방문해 주세요."

용맹이 그렇게 하겠노라고 말했고, 다음 날 두 사람은 그녀의 집을 향해 떠났습니다. 그녀가 길을 인도했습니다. 높은 산을 몇 개나 넘어 먼 길을 걸은 후 아내는 갑자기 뒤돌아서 용맹을 쳐다보며 말했습니다.

"제가 원하는 것을 해 준다고 약속했지요."

"그럼." 그는 대답했습니다.

"좋아요." 그녀는 말했습니다. "저의 집은 이 높은 산 반대편에 있어요. 제 어머니에게 도착하면 당신께 말할게요. 당신을 보기 위해 많이 올 거예요. 개 중에는 당신에게 꾸중을 하거나 화를 내기도 할 거예요. 하지만 당신은 누구에게도 화를 내서는 안 됩니다. 몇 몇은 당신을 죽이려고까지 할 거예요."

"내게 왜 그러지?" 용맹이 물었습니다.

"제가 지금 하는 말을 잘 들으세요." 여인은 말했습니다. "당신이 절 알기 전부터 전 당신을 알았습니다. 우리가 만난 첫날 전 마법으로 당신을 제게 오게 했죠. 제가 말했다시피 몇몇은 당신을 화나게 할 거예요. 개중에 누구에게라도 화내는 기색을 비치면 나머지는 합세해서 당신을 죽이려고 덤빌 거예요. 그들은 당신을 시기할 거예요. 왜냐면 저는 많은 이들을 거절했거든요."

"하지만 지금은 내 아내잖소." 용맹은 말했습니다.

"도착하면 당신이 해야 할 일을 얘기해 드릴게요." 버펄로 여인은 말을 이어갔습니다. "지금 땅에 누워 두 번 구르세요."

용맹은 아내에게 미소를 지으며 시키는 대로 했습니다. 두 번 구르고 일어서자 그는 자신이 버펄로로 변해 있었습니다.

잠깐 버펄로 여인이 그를 쳐다보았는데 눈에는 당혹감을 역력했습니다.

그리고 나서 버펄로 여인도 두 번 굴러 버펄로가 되었습니다.

한마디 말도 없이 그녀는 남편을 산꼭대기까지 인도했습니다. 서쪽으로 떨어져 있는 마을에는 수백마리의 버펄로가 있었습니다.

"저들이 내 부족이고, 이곳이 제 집입니다." 버펄로 여인이 말했습니다.

가장 근처에 있던 무리들이 용맹과 버펄로 여인이 다가오는 것을 보자, 마치 그들이 오는 것을 기다리기라도 한 듯이 한곳에 모이기 시작했습니다. 버펄로 여인이 앞장서고 용맹이 그녀 뒤를 따라가 버펄로 노파에게 이르렀습니다. 이 늙은 버펄로가 아름다운 아내의 어머니라는 것을 그는 알아차렸습니다.

두 달 동안 둘은 버펄로 무리와 지냈습니다. 매번 네다섯 마리의 젊은 숫버펄로들이 와서는 용맹이 화를 내도록 괴롭혔지만, 그는 못 본 척 했습니다.

어느 날 밤 버펄로 여인은 그의 집으로 돌아가겠다고 말하고는 산을 빠져 나왔습니다.

둘이 버펄로로 변했던 장소에 도착하자 그들은 두 번 다시 땅위를 굴렀고 다시 남자와 여자 인간이 되었습니다.

"이 마법의 변장에 대해 아무에게도 말하지 않겠다고 약속해 주세요. 사람들이 이 사실을 안다면 나쁜 일이 우리에게 일어날 거예요." 버펄로 여인은 말했습니다.

용맹의 집에서 열두 달을 지내고나서 버펄로 여인은 그에게 다시 자신의 부족을 방문하자고 부탁했습니다. 용맹을 시기하던 젊은 숫버펄로들이 달리기 경주를 계획하고 있고 이 두 사람도 버펄로 마을에서 멀리 떨어져 있지 않았습니다.

"당신과 경주하겠다고 도전할 거예요. 당신이 이기지 못하면 당신을 죽일 거예요." 그녀는 말했습니다.

그날 밤 용맹은 잠이 오지 않았습니다. 그는 오랫동안 산책을 했습니다. 달도 별도 없는 아주 캄캄한 밤이었습니다. 그렇지만 그는 바람 정령의 존재를 느낄 수 있었습니다.

"넌 젊고 강하다. 그러나 내 도움을 받지 않고서는 버펄로를 이길 수 없다. 네가 지면 그들은 널 죽일 것이고, 이기면 다시는 네게 도전을 하지 않을 것이다." 바람 정령이 그에게 속삭였습니다.

"내 목숨과 내 아름다운 아내를 지키기 위해 어떻게 해야하나요?" 용맹이 물었습니다.

바람 정령이 두 가지를 그에게 주었습니다.

"하나는 마법의 약초고, 또 다른 것은 마법의 장소에서 가져온 마른 진흙이다. 버펄로가 너를 잡으면 처음에는 뒤로 마법의 약초를 던져라. 또다시 너를 바짝 따라오면, 마른 진흙을 던져라." 바람 정령이 말했습니다.

다음 날이 경주 날이었습니다. 해가 뜨자, 젊은 버펄로들이 출발지에 모여들었습니다. 용맹이 그들과 합세하자 버펄로들은 그가 버펄로 인간이어서 그들보다 빨리 달릴 수 없다고 비아냥대기 시작했습니다. 용맹이는 이런 빈정거림을 무시하고 조용히 출발지점에 그들과 함께 서 있었습니다.

늙은 버펄로가 큰 울음소리를 내며 경주 시작을 알렸고, 처음에 용맹이는 아주 빨리 달려 선두에 나섰습니다. 하지만 조만간 다른 버펄로들이 그를 따라잡기 시작했고 그의 발꿈치 가까이서 버펄로의 거친 숨소리가 들리자 그는 뒤로 마법의 약초를 던졌습니다. 뒤돌아보니 그들 사이 공간을 빨리 좁혀지면서 버펄로 한 마리가 머리를 아래로 내려뜨리고 아주 빠르게 오고 있었습니다. 이 버펄로가 그를 막 따라잡으려 할 때, 용맹이는 마법의 장소에서 갖고 온 마른 진흙을 던졌습니다.

조만간 그는 다시 크게 앞섰지만 바람 정령이 그에게 준 마법을 다 사용해 버렸음을 알았습니다. 경주의 결승점에 다가가자 그는 바로 뒤에 다가오는 쿵쾅거리는 발굽소리를 들었습니다. 마지막 순간 먼지를 일으키며 버펄로로 하여금 그보다 빨리 달리지 못하게 하며 스쳐가는 강한 바람을 얼굴로 느꼈습니다. 바람 정령의 도움으로 용맹이는 결승점을 지났고 경주에서 우승을 하였습니다.

그 후로 어떤 버펄로도 다시 용맹에게 도전을 하지 않았으며 버펄로 여인과 함께 자신의 캐도 부족에게로 돌아올 때까지 버펄로 무리들과 함께 평화롭게 살았습니다.

용맹의 집으로 돌아와 얼마 되지 않아 버펄로 여인은 잘생긴 아들을 낳았습니다. 두 사람은 그 아들을 버펄로 소년이라고 불렀고, dlo 다른 아이들과 놀 수 있는 나이가 되었습니다.

어느 날 버펄로 부인이 저녁을 요리하는데 아들이 집밖으로 빠져나와 놀고 있는 다른 아이들에게로 갔습니다. 아이들은 하던 놀이를 마치더니 버펄로 놀이를 하기로 결정했습니다. 아이들 중 몇 명은 버펄로처럼 땅에 누워 구르자, 버펄로 소년 역시 따라 했습니다. 소년이 두 번 구르자 그는 진짜 버펄로로 변했습니다. 이 모습을 보던 아이들을 깜짝 놀라 그들의 집으로 달아났습니다.

이때 소년의 어머니는 아들을 찾아 집을 나섰고, 아이들이 두려움에 떨며 달아나는 모습을 보고는 뭔가 잘못되었다고 생각했습니다. 그녀는 무슨 일이 생겼는지 보러갔고, 자신의 아들이 버펄로로 변한 사실을 알게 되었습니다.

두 팔로 아들을 부여잡고 산을 달려 내려와서 마을이 보이지 않는 곳까지 오자 버펄로 여인은 자신도 버펄로로 변신하고는 버펄로 소년과 함께 서쪽을 향해 떠났습니다.

저녁 늦게 사냥에서 집으로 돌아온 용맹은 아내와 아들을 찾을 수가 없었습니다.

그들을 찾으러 밖으로 나오자 누군가가 아이들이 한 놀이와 그의 아들이 버펄로로 바뀌게 한 마법에 대해 말해주었습니다.

처음에 용맹은 그들이 하는 말을 믿을 수 없었지만 아내의 흔적을 뒤쫓아 산은 내려가 아내라 굴렀던 곳을 발견한 후에는 이 이야기가 사실임을 알았습니다.

여러 달 동안 용맹은 버펄로 여인과 버펄로 소년을 찾았지만 다시는 그들을 찾지 못했습니다.

버펄로와 '독수리 날개' (북미 인디언 설화)

아주 오랜 옛날 지상에는 돌멩이 하나 없었습니다. 산과 들 그리고 계곡은 가파르지 않았기에 사람들은 어렵지 않게 땅 위를 신속히 걸을 수 있었습니다. 그 당시엔 작은 나무 하나 없었습니다. 모든 덤불과 숲은 크고 곧았으며 서로 적절한 간격을 유지하고 있었습니다. 따라서 사람들은 길을 남기지 않고도 숲은 통과할 수 있었습니다.

그 당시에 큰 버펄로 한 마리가 어슬렁거리며 그 지역을 지나가고 있었습니다. 그는 물에서 신비한 힘을 얻었습니다. 어느 것이든 형체를 바꿀 수 있게 되었습니다. 어떤 특정 연못의 물을 마시면 그 힘을 얻곤 했습니다.

정처 없이 걷다가 버펄로는 높은 산을 지나가게 되었습니다. 그는 산이 아주 맘에 들어 하루는 산에게 물었습니다.

"뭔가 다른 것이 되고 싶지 않니?"

"그래." 산이 대답했습니다. "아무도 올라오지 못하는 것이 되고 싶어."

"좋아," 버펄로가 말했습니다. "내가 너를 '돌'이라고 부르는 단단한 것으로 만들어 줄게. 아주 단단해서 아무도 너를 깨뜨릴 수 없고 매끄러워서 누구도 기어오를 수 없지."

그래서 버펄로는 그 산을 큰 돌로 바꿔놓았습니다.

"네 스스로를 깨지 않는 한 무엇으로든 변할 수 있는 힘을 주겠다."

버펄로들만 이 지역에 살고 사람은 아무도 없었습니다. 산 저 편에는 동물을 죽이는 잔인한 인간들이 살고 있었습니다. 버펄로는 그들에 대해 알고 있었고 가능한 한 멀리 떨어져 있었습니다.

그러나 어느 날 버펄로는 이 사람들이 보고 싶어졌습니다. 그들의 친구가 되어 버펄로를 죽이지 말라고 설득하고 싶었습니다. 그리하여 그는 산을 넘어 오두막에 이를 때까지 개울을 따라 여행을 했습니다. 그곳에는 한 노파와 손자가 살고 있었습니다. 소년은 버펄로를 좋아하였고 버펄로도 소년과 할머니를 좋아했습니다.

버펄로가 말하기를 "나는 당신들이 원하는 형태로 바꾸어줄 수 있는 힘을 갖고 있습니다. 무엇이 가장 되고 싶은가요?"

"난 내 손자와 늘 가까이 있기를 바랍니다. 손자가 어디를 가든지 항상 같이 있을 수 있는 그 무엇이 되고 싶습니다."

"당신을 버펄로의 고향으로 데려가겠습니다. 그리고 버펄로에게 소년이 빨리 뛰는 법을 가르치라고 하겠습니다. 그리고 물에게 할머니를 변형시켜서 소년과 늘 함께 있도록 요청하겠습니다."

그리하여 버펄로는 할머니와 소년과 데리고 자신의 고향으로 돌아갔습니다. "사람들이 버펄로를 사냥하고 죽이는 것을 막아 준다면 빠르게 뛰는 법을 네게 가르쳐 주지." 버펄로들이 소년에게 말했습니다. "약속하지요." 소년이 대답하였습니다.

버펄로들은 소년을 아주 빠르게 뛸 수 있도록 가르쳤고 어느 누구도 소년을 따라잡을 수 없었습니다. 늙으신 할머니는 그가 어딜 가든 따라다녔습니다. 바람으로 변해 있었기 때문이었습니다.

소년은 어른이 될 때까지 버펄로들과 살았습니다. 버펄로는 옛 약속을 상기시키고 나서 그를 사람들에게 돌려보냈습니다. 그는 뛰어난 뜀박질 실력으로 사냥꾼의 우두머리가 되었습니다. 사람들은 그를 '독수리 날개'라고 불렀습니다. 어느 날 추장이 '독수리 날개'를 불러 말했습니다. "아들아, 난 네가 사냥꾼을 인솔하여 버펄로 땅으로 가길 원한다. 버펄로들은 아주 빨라서 죽일 수 없단다. 그러나 너 또한 빠르게 뛴다. 만일 네가 버펄로를 죽여 가죽과 고기를 가져온다면 너를 내 양자로 삼겠네. 내가 죽으면 자넨 부족의 추장이 되는 것이지."

'독수리날개'는 너무 추장이 되고 싶은 나머지 버펄로와의 약속을 마음속에서 지워버렸습니다. 그는 사냥꾼을 데리고 출발하여 산을 빠르게 등정하였기에 많은 이들이 뒤쳐졌습니다. 산 저 편에서 그는 버펄로 무리를 보았습니다. 그들은 놀라 도망쳤으나 '독수리 날개'는 쫓아가서 거의 대부분을 죽였습니다. 물로부터 위대한 능력을 받은 버펄로는 사냥꾼이 습격했을 때 집을 떠나 있었습니다. 돌아오는 길에 그는 갈증이 나서 그의 특별한 연못의 물이 아니라 산 저편에 있는 물을 들이켰습니다. 집에 도착하자 사냥꾼이 저지른 짓을 목격하고 매우 분노하였습니다. 그는 인간들을 풀로 만들려고 했으나 변형시킬 수 있는 능력이 없었습니다. 버펄로는 한 때 산이었던 큰 돌에게로 갔습니다.

"사냥꾼이 저지른 짓에 대하여 어떻게 보복할 수 있지?" 돌에게 물었습니다. "나무들을 엉키게 해서 그가 숲을 통과할 수 없도록 하겠다."라고 돌이 대답했습니다. "내 몸을 조각내어 이 땅 전체에 뿌릴 거야. 그러면 사냥꾼들은 나를 밟고 넘어져 발을 다치겠지."

"그리 벌하도록 하지." 버펄로는 동의하였습니다.

그래서 돌은 자신을 잘게 부수어 온 땅에 흩뿌렸습니다. 발 빠른 '독수리 날개'와 그의 부하들은 산을 넘으려 할 때마다 돌들은 사냥꾼의 발에 상처를 냈습니다. 잡목 숲은 그들의 몸을 긁어 상처와 멍을 남겼습니다.

이 모든 것이 '독수리 날개'가 버펄로와의 약속을 지키지 않았기 때문입니다.

상어왕 (하와이)

옛날에 상어왕은 바닷가에서 수영하고 있는 아름다운 아가씨를 보았습니다. 상어왕은 곧 그 아가씨를 사랑하게 되었습니다. 잘생긴 청년으로 변장한 상어왕은 추장들이 입는 날개달린 망토를 입고 그녀를 따라 마을로 들어갔습니다.

마을 사람들은 낯선 추장의 방문으로 떠들썩해졌고 진수성찬과 갖가지 경기를 펼치며 큰 잔치를 벌였습니다. 상어왕은 매 경기마다 이겼습니다. 소녀는 상어왕이 자신에게 청혼을 하자 기뻤습니다.

상어왕은 폭포 옆에 집을 짓고 신부와 행복하게 살았습니다. 인간의 모습을 한 상어왕은 폭포수 못에서 매일 수영을 하곤 했습니다. 이따금씩 그가 너무 오래 물 밑바닥에 머무르면 신부는 겁을 내곤 했습니다. 그러나 상어왕은 못 바닥에 아들을 위한 길을 만들고 있다고 말하며 아내를 안심시켰습니다.

아들이 태어나기 전에 상어왕은 그의 백성들에게로 돌아갔습니다. 아내는 자신들의 아들이 그가 어깨에 걸치고 다녔던 날개달린 망토를 입게 하겠노라고 맹세했습니다. 아이가 태어났을 때 아이의 엄마는 상어 입 모양의 표적이 아기의 등에 있는 것을 보았습니다. 그때야 그녀는 남편이 누구였는지 알아차렸습니다.

그 아이의 이름은 나나브였습니다. 성인이 되자 나나브는 집 옆에 있는 못에서 매일 수영하곤 했습니다. 이따금씩 어머니는 못 속을 들여다보면 물밑에서 수영하는 상어를 보곤 했습니다.

매일 나나브는 날개달린 망토를 어깨에 걸치고는 못 아래 서서 지나가는 어부들에게 어디서 낚시를 할 것인지 묻곤 했습니다. 어부들도 항상 그 다정한 젊은이에게 자신들이 가려는 장소를 말해주었습니다. 그리고 나서 나나브는 못 속으로 뛰어들어가고는 몇 시간 동안 사라지곤 했습니다.

얼마 있어 어부들은 점점 고기가 낚이지 않는다는 것을 눈치챘습니다. 마을사람들은 굶주리고 있었습니다. 마을 추장은 사람들을 불러모아 사원으로 갔습니다. "우리 중에 사악한 신이 있다."라고 추장이 사람들에게 말했습니다. "그가 우리의 고기잡이를 방해하고 있다. 마법으로 그를 잡아낼 것이다." 추장은 나뭇잎을 깔아놓게 했습니다. 그리곤 모든 성인 남자와 남자애들에게 나뭇잎 사이로 걸어가도록 시켰습니다. 인간의 발은 부드러운 나뭇잎을 멍들게 했지만, 신은 아무런 징표도 나타나지 않을 것입니다.

나나브의 어머니는 무서웠습니다. 자신의 아들이 신의 아들임을 알고 있었습니다. 사람들이 아들의 정체를 알면 살해할지도 모를 일이었습니다. 젊은이가 나뭇잎을 가로지르며 건널 차례가 되자, 그는 빨리 달리다 미끄러졌습니다. 나나브가 다치지 않게 늘 입고 다니던 날개달린 망토를 한 남자가 붙잡았습니다. 그러나 망토는 젊은이의 어깨에서 벗겨졌고 사람들 모두 등에 난 상어 입을 보았습니다.

사람들은 나나브를 마을 밖으로 쫓아냈지만, 그는 사람들 몰래 빠져나와 못으로 뛰어들었습니다. 사람들은 큰 바위를 못에 던져 메워 버렸습니다. 그들은 나나브를 죽였다고 여겼습니다. 하지만 나나브의 어머니는 상어왕이 못 바닥에 아들이 지나갈 자리 즉 바다로 향하는 길을 만들어 놓았다는 것을 기억했습니다. 나나브는 상어의 모습으로 아버지인 상어왕을 만나기 위해 바다로 헤엄쳐갔습니다.

하지만 그 후로 어부들은 상어들이 자신들의 말을 엿들어 물고기를 쫓아내지 못하게 낚시하러 가는 곳을 어는 누구에게도 말하지 않았습니다.

◦역자◦

• 이우학   **약 력**

             영국 애버딘대학 영문학 박사
             건국대학교 영어영문학부 교수
             건국대학교 외국어교육원 원장

          주요논저

             『동화와 설화』 공저
             『동화의 환상성과 구조』 공저
             외 다수

인디언 설화

• 초판 인쇄	2006년 5월 15일
• 초판 발행	2006년 5월 15일
• 지 은 이	이우학
• 펴 낸 이	채종준
• 펴 낸 곳	한국학술정보㈜
	경기도 파주시 교하읍 문발리
	파주출판문화정보산업단지 526-2
	전화 031) 908-3181(대표) · 팩스 031) 908-3189
	홈페이지 http://www.kstudy.com
	e-mail(e-Book사업부) ebook@kstudy.com
• 등 록	제일산-115호(2000. 6. 19)
• 가 격	24,000원

ISBN   89-534-4970-7 93920 (paper book)
        89-534-4971-5 98920 (e-book)